Auf einen Blick ●

Geschichte
Nordrhein-Westfalen

Bildnachweis

S. 16: Bundesarchiv, Plak 002-016-047, Grafiker: Mjölnir (Schweitzer, Hans), 1932
S. 18: Bundesarchiv, Bild 183-K0930-502, Fotograf: unbekannt, November 1933, CC-BY-SA 3.0
S. 20: Bundesarchiv, Bild 102-17049, Fotograf: Georg Pahl, 25. August 1934, CC-BY-SA 3.0
S. 22: Bundesarchiv, B 145 Bild-P022073, Fotograf: A. Frankl, 1936, CC-BY-SA 3.0
S. 24: Bundesarchiv, Bild 183-74237-004, Fotograf: Bernhard Walter, Mai 1944, CC-BY-SA 3.0
S. 26: Bundesarchiv, Bild 146-1969-065-24, Fotograf: unbekannt, 28. September 1938, CC-BY-SA 3.0
S. 28: George (Jürgen) Wittenstein/akg-images
S. 34: Foto: K. Weisser, lizenziert unter cc-by-sa-2.0 DE
S. 36: Philipp Veit: Germania, 1848. Malerei auf Baumwollgewebe. Germanisches Nationalmuseum, Nürnberg. Foto: Ws-KuLa, lizenziert unter cc-by-sa-3.0
S. 38: Bundesarchiv, Bild 183-R68588, Fotograf: P. Loescher & Petsch, 3. Juli 1871, CC-BY-SA 3.0
S. 40: Bundesarchiv, Bild 183-S38324, Fotograf: Theo Eisenhart, 21. März 1933, CC-BY-SA 3.0
S. 42: Bundesarchiv, Bild 146-1979-084-06, Fotograf: unbekannt, 1945, CC-BY-SA 3.0
S. 44: Bundesarchiv, Bild 173-1282, Fotograf: Helmut J. Wolf, August 1961, CC-BY-SA 3.0
S. 46: picture-alliance/dpa
S. 48: Foto: Roland Arhelger, lizenziert unter cc-by-sa-4.0
S. 58: Bundesarchiv, Bild 183-R05148, Fotograf: unbekannt, 1916, CC-BY-SA 3.0
S. 60: Bundesarchiv, B 145 Bild-F051656-1395, Fotograf: unbekannt, 1919, CC-BY-SA 3.0
S. 68: Foto: MPD01605, lizenziert unter cc-by-sa-2.0

© 2022 STARK Verlag GmbH
www.stark-verlag.de
1. Auflage 2021

Das Werk und alle seine Bestandteile sind urheberrechtlich geschützt. Jede vollständige oder teilweise Vervielfältigung, Verbreitung und Veröffentlichung bedarf der ausdrücklichen Genehmigung des Verlages. Dies gilt insbesondere für Vervielfältigungen, Mikroverfilmungen sowie die Speicherung und Verarbeitung in elektronischen Systemen.

Inhalt

Die moderne Industriegesellschaft

4   Zweite Industrielle Revolution

6   Veränderte Arbeits- und Lebensbedingungen

8   Soziale Frage

10   Imperialismus

12   Erster „moderner" Krieg

14   Weltwirtschaftskrise 1929

Die Zeit des Nationalsozialismus

16   Voraussetzungen

18   NS-Ideologie

20   Etablierung des NS-Systems

22   NS-Wirtschaftspolitik

24   Rassenpolitik und Judenvernichtung

26   NS-Außenpolitik bis 1939

28   Anpassung, Unterstützung und Widerstand

30   Beispiele von Widerstand

32   Umgang mit dem Nationalsozialismus bis 1949

34   Vergangenheitspolitik nach 1949

Nationalismus und deutsche Identität

36   „Deutsche Frage" in Vormärz und Revolution

38   „Volk" und „Nation" im Kaiserreich

40   Nationalismus im Nationalsozialismus

42   Vertreibung und Integration

44   Zweistaatlichkeit in Deutschland

46   Neue Ostpolitik

48   Überwindung der deutschen Teilung

Inhalt

Krieg und Frieden in der Moderne

50   Dreißigjähriger Krieg (1618–1648)

52   Westfälischer Frieden 1648

54   Koalitionskriege (1792–1815)

56   Wiener Kongress 1814/15

58   Erster Weltkrieg (1914–1918)

60   Versailler Vertrag 1919

62   Zweiter Weltkrieg (1939–1945)

64   Potsdamer Konferenz 1945

66   Konflikte und Entspannung im Kalten Krieg

68   Friedenspolitik seit 1919

Hinweis zur Benutzung

Die folgenden Themenfelder bzw. Rubriken einer Doppelseite sind nur für den Leistungskurs relevant:

- Weltwirtschaftskrise 1929 – Krisenentscheidungen der USA (S. 15)
- Dreißigjähriger Krieg (1618–1648) (S. 50 f.)
- Westfälischer Frieden 1648 (S. 52 f.)

Die **Inhaltsfelder des Geschichteabiturs in NRW** sind breit gestreut und behandeln neben der modernen Industriegesellschaft und der Zeit des Nationalsozialismus auch Nationalismus und deutsche Identität im 19. und 20. Jahrhundert sowie Kriege und Friedensschlüsse der Moderne. Bei diesen auch zeitlich weit gespannten Themen ist es nicht immer leicht, den Überblick zu behalten. Ihnen dabei zu helfen, ist das Hauptanliegen des vorliegenden Büchleins, das nach dem Doppelseiten-Prinzip aufgebaut ist.

- Jede Doppelseite beginnt mit einem **Schaubild**, das ein schnelles Erfassen des Themas ermöglicht und seine zentralen Merkmale veranschaulicht. Durch die grafische Gestaltung werden Zusammenhänge auf einen Blick deutlich und sind leichter zu behalten.

- Die **historische Abbildung** neben jedem Schaubild gibt einen Einblick in die behandelte Zeit und kann als Merkhilfe dienen.

- Die **Gliederung** des Büchleins folgt den inhaltlichen Schwerpunkten des NRW-Lehrplans, um eine optimale Vorbereitung auf das Abitur zu ermöglichen. Statt einer chronologischen Abhandlung der Geschichte bieten die einzelnen Kapitel **thematische Querschnitte**, die in sich jedoch weitgehend dem zeitlichen Ablauf der Ereignisse folgen. So wird der Blick für Zusammenhänge geschärft und gleichzeitig die historische Einordnung erleichtert:

  - Das erste Kapitel behandelt die **moderne Industriegesellschaft**. Es geht dabei sowohl auf die Zeit der Zweiten Industriellen Revolution als auch auf den Imperialismus, den Ersten Weltkrieg und die Weltwirtschaftskrise von 1929 ein.

  - Das Kapitel zur **Zeit des Nationalsozialismus** umfasst den Aufstieg der NSDAP in der Weimarer Republik und die Jahre der NS-Herrschaft von 1933 bis 1945. Zwei Doppelseiten zum Umgang mit der nationalsozialistischen Vergangenheit nach 1945 runden dieses Kapitel ab.

  - Die folgenden Doppelseiten bewegen sich zeitlich zwischen 1815 und 1990 und beschäftigen sich mit der **Entwicklung von Nationalismus und deutscher Identität**. Dazu werden zentrale Ereignisse im Hinblick auf das nationale Selbstverständnis der Deutschen dargestellt.

  - Das letzte Kapitel konzentriert sich auf **Kriege und die dazugehörigen Friedensschlüsse**. Der ähnliche Aufbau der ersten acht Doppelseiten und Schaubilder ermöglicht eine leichte Vergleichbarkeit der historischen Ereignisse. Die letzte Doppelseite stellt internationale Organisationen zur Friedenssicherung vor.

Der STARK Verlag wünscht Ihnen bei der Arbeit mit dem Buch viel Freude und für das Abitur viel Erfolg!

Auf einen Blick

höherer Bedarf an Gütern (Kleidung,
Nahrung) durch Bevölkerungswachstum
(großes Angebot an Arbeitskräften)

Erste Industrielle Revolution in Deutschland 1840/50–1873	FORTSCHRITT	**Zweite Industrielle Revolution** ca. 1870–1914

- **Leitsektoren:** Textil-, Eisenindustrie, Bergbau
- Wandel von der traditionellen Agrar- zur Industriegesellschaft
- Rationalisierung und Spezialisierung des Fertigungsprozesses durch Einsatz von Maschinen

- **neue Leitsektoren:** chemische Industrie, Elektroindustrie, Maschinenbau, optische Industrie
- Ausbau des Banken- und Aktienwesens
- bahnbrechende Neuerungen auf technischem und naturwissenschaftlichem Gebiet sowie massenhafte Nutzung der neuen Technologien

Allgemeines

- zeitliche Einordnung: ca. 1870–1914, umfasst **zweite Phase der Industrialisierung** mit bahnbrechenden Neuerungen auf technischem und naturwissenschaftlichem Gebiet
- 1870er-/1880er-Jahre: Aufstieg **neuer Leitsektoren** (chemische Industrie, Elektroindustrie, Maschinenbau, optische Industrie) = Phase der **Hochindustrialisierung** in Deutschland („erstes deutsches Wirtschaftswunder" nach Wehler)
- Entstehung von **firmeneigenen Forschungs- und Entwicklungseinrichtungen** = Verwissenschaftlichung der Produktion, um Konkurrenzdruck standzuhalten
  - → Erfahrungswissen der Beschäftigten verliert an Bedeutung
  - → größere Unabhängigkeit von externen Innovationen
  - → intensiver Kontakt zwischen Wirtschaft und universitären sowie privaten Forschungseinrichtungen: Gründung der **Physikalisch-Technischen Reichsanstalt** (1887)
- 1877: Verabschiedung des **Patentgesetzes** → Investitionen in aufwendige Forschungen
- Entwicklung Deutschlands zum **Vorreiter der Industrialisierung in Europa: Deutschland** als führender Technologieexporteur (vorher Import von technischem Know-how)
  - – Erhöhung der Produktion durch **technische Neuerungen**, z. B. Thomas- (1879) oder Siemens-Martin-Verfahren (seit 1864) zur Stahlerzeugung
  - – zunehmende Bedeutung der **Kapitalbeschaffung** → Ausbau des **Bankenwesens** und Entstehung von **Aktiengesellschaften**
  - – **Konzern- und Kartellbildungen** zum Schutz vor Wettbewerb → Entstehung von Industriegiganten mit maßgeblichem Einfluss auf Politik und Gesellschaft
- in den USA: **Fließbandfertigung** und **serielle Produktion** als Kennzeichen für die „Zweite Industrielle Revolution"
- Schwerindustrie (Kohle, Eisen und Stahl) nicht mehr Wirtschaftsfaktor Nr. 1, sondern **„neue Industrien" als Leitsektoren:** Elektrotechnik, chemisch-pharmazeutische Industrie, optische Industrie, Maschinen- und Fahrzeugbau
- Verteilung auf Wirtschaftssektoren 1913: 25 % Landwirtschaft, 45 % Industrie, 30 % Dienstleistungen (1880: 36 % Landwirtschaft, 32 % Industrie, 22 % Dienstleistungen)

Neue Leitsektoren

Elektroindustrie
- Firmen mit Spitzenposition: **Siemens** und **AEG** (Allgemeine Elektricitäts-Gesellschaft)
- Erfindungen wie **Glühlampe** und elektrische Beleuchtung sorgen für **wachsende Stromnachfrage** → Entstehung zentraler **Kraftwerke**
- Nutzung der Elektrizität in größerem Ausmaß, z. B. öffentliche Beleuchtung
- erhebliche Verbesserung der **Kommunikation:** ab ca. 1880 verbreitete Nutzung des Telefons
- ab 1905: **Durchsetzung des Elektromotors** als flexible und effiziente Energiequelle

Maschinen- und Fahrzeugbau
- Einsatz **präziser Werkzeugmaschinen** anstelle von feinmechanischer Handarbeit
- Verdrängung des bisherigen Energieträgers Kohle durch **Erdöl** → wichtig für Antrieb von **Verbrennungsmotoren**, z. B. Otto-Motor (1876) und Diesel-Motor (1897), da Herstellung von **Benzin** möglich ist

Chemie- und Pharmaindustrie
- Chlor, Soda und Schwefelsäure als Grundlage neuer Produkte, z. B. für **synthetischen Farbstoff Anilin** → Deutschland als Spitzenreiter im Farbexport, z. B. Indigo nach Japan und China
- weitere **neue Produkte:** Kunstdünger, Kunststoffe, Kunstseide und Arzneimittel
- Entstehung großer, **unternehmenseigener Forschungslabors**

Optische Industrie
- wachsende Nachfrage nach optischer Industrie durch zunehmende qualitative und quantitative Bedürfnisse der naturwissenschaftlich-technischen Forschung und der Fotografie
- erfolgreiche **Zusammenarbeit zwischen Wissenschaftlern und Praktikern** → Weltruhm der **Zeiss-Werke** und des Jenaer Glaswerkes Schott und Genossen

Problematische Begleiterscheinungen des Fortschritts

- **ökologische Folgeschäden** durch industriellen Fortschritt: Luft- und Wasserverschmutzung durch Brennstoffe und Abwässer → statt Verbesserung des Lebens droht langfristig Vernichtung des Lebens durch **Klimakatastrophen**
- Einsatz der „neuen" Industrien im Krieg durch **Nutzung der Chemieindustrie in der Rüstungswirtschaft:** Produktion von Sprengstoff und Giftgas
- **Beschleunigung** des täglichen Lebens
  → Einzug von Rastlosigkeit und Hetze
  → Unterwerfung unter Anforderungen der Technik
- **Gefahren eines unbedingten Fortschrittsglaubens:** Wirtschaftswachstum bedeutet nicht unbedingt steigende Lebensqualität, traditionelle Wachstumsgläubigkeit führt in eine Sackgasse, rücksichtsloser Ressourcenverbrauch, Wachstum auf Kosten der Effizienz
  ABER: **Wirtschaftswachstum** auch **Voraussetzung für Produktion von effizienten Konsumgütern**

Auf einen Blick

veränderte Arbeitsbedingungen

- Unterwerfung unter Arbeitsrhythmus und Arbeitstempo der Maschinen
- inhumane, lange Arbeitszeiten
- Lärm, Schmutz, Licht- und Luftmangel
- niedriges Lohnniveau sowie zunehmende Frauen- und Kinderarbeit
- strenge Arbeitsdisziplin
- geringer Arbeitsschutz

veränderte Lebensbedingungen

- „Landflucht" und Urbanisierung ➤ Entstehung von Elendsquartieren in den Städten
- katastrophale Wohnbedingungen in Mietskasernen mit schlechten Hygieneverhältnissen
- Ausbau der städtischen Infrastruktur:
  • Straßennetz
  • Kanalisation und Kläranlagen
  • Wasser-, Gas- und Stromversorgung
- moderne Stadtkultur ➤ Modernisierungskrise
- Massenkultur und Konsumgesellschaft

Allgemeines

- **Entstehung** einer marktbedingten Klasse (Max Weber) → Industriearbeiterschaft/lohnabhängige Arbeiterschaft (**„Proletariat"**)
- Übergang von der alten Agrar- und Ständegesellschaft zur dynamischen, mobilen Industrie- und Klassengesellschaft

Arbeitsbedingungen

- Industriearbeit ist mechanisierte Fabrikarbeit → Beschleunigung der Produktion: Zwang zur **Unterwerfung unter Arbeitsrhythmus und hohes Arbeitstempo der Maschinen** (teilweise Fließbandarbeit)
- **strenge Arbeitsdisziplin:** Betriebsordnungen regeln Arbeitszeiten, Arbeitsablauf und Verhalten auf dem Gelände → harte Strafen bei Verstoß
- **schlechte Arbeitsbedingungen** in großen Fabriken → schnelle Abnutzung der Arbeiter durch berufstypische **Krankheiten** (z. B. chronische Entzündungen von Augen, Rachen und Kehlkopf)
  – langes Verharren in derselben Körperhaltung
  – schlecht beheizte und dunkle Räume
  – Lärm, Schmutz und Hitze
  – Abgase und Staub
  – Monotonie, die v. a. Facharbeiter frustriert → Zunahme von ungelernten Arbeitern
  – sehr **lange Arbeitszeiten** von 15 Stunden und mehr (auch Sonntags- und Nachtarbeit); in den 1870er-Jahren **Senkung der Arbeitszeit** auf ca. 10 Stunden
     → Verdichtung der Arbeit und **Temposteigerung** durch strikte Fabrikordnungen, Akkordarbeit und technische Innovationen

→ **schwere Unfälle** wegen des enormen Produktionsdrucks
- **abhängige Lohnarbeit:** Überangebot an Arbeitskräften → **niedrige Löhne**, die oft nicht zur Ernährung der Familie ausreichen → **Frauen- und Kinderarbeit**
- bis in 1880er-Jahre **keine soziale Sicherheit** (Ausnahme: sozial eingestellter Unternehmer) → kein Schutz bei Krankheit, Invalidität oder Arbeitslosigkeit und keine Altersvorsorge
- **eingeschränkte politische Mitbestimmung** für Arbeiter wegen Dreiklassenwahlrecht (1869 Aufhebung des Streik- und Koalitionsverbots, aber Verhinderung von Streiks durch Drohung von Unternehmern mit Verlust des Arbeitsplatzes)

Lebensbedingungen

- **Binnenwanderung** vom Land in städtische Industriezentren (Hauptziele: industrielle Zentren in Mittel- und Südwestdeutschland, Großraum Berlin, Ruhrgebiet) = „**Landflucht**" (zunächst Nah-, später Fernwanderung)
- **Urbanisierung:** Anwachsen der Einwohnerzahl und Veränderung des (Zusammen-)Lebens in den Städten → Veränderung der Familien- und Gesellschaftsstruktur
- **soziale Segregation:** Abtrennung der in materieller Hinsicht deutlich unterschiedenen Bevölkerungsschichten in einzelne Stadtviertel mit unterschiedlicher Wohnqualität (sichtbar in Mietpreisen)
- Entstehung dicht mit Mietshäusern („**Mietskasernen**") bebauter Stadtviertel in Fabriknähe, um steigende Zahl der Arbeiter unterzubringen → **katastrophale Wohnbedingungen:**
  - Zusammenleben auf engstem Raum mit oft nur einem Zimmer für die ganze Familie und „Schlafgängern" als Untermietern, die sich nur zur Schlafenszeit im Zimmer aufhalten dürfen und ein Bett mit mehreren Personen im Schichtbetrieb nutzen müssen
  - häufig kein fließendes Wasser, keine Toiletten und nur unzureichende Beheizung → feuchte und schimmelige Räume
  → **katastrophale hygienische Verhältnisse**, u. a. wegen fehlender Kanalisation → Ausbreitung von Seuchen wie Cholera und Typhus
- Schaffung einer **städtischen Infrastruktur:**
  - Auf- und Ausbau des **Straßennetzes** sowie des öffentlichen Nahverkehrs (Pferde-Straßenbahnen, „Elektrische"), aber vor dem Ersten Weltkrieg noch wenige Autos; ab 1890 Fahrrad als am meisten genutztes Individualverkehrsmittel
  - Entstehung von **Kanalisation und Kläranlagen** sowie Straßenreinigung und Müllabfuhr → enorme Verbesserung der sanitären und hygienischen Verhältnisse
  - flächendeckende **Versorgung mit Wasser, Gas und Strom**
  - Entstehung von Schulen, Universitäten, Polizeistationen und sozialen Fürsorgeeinrichtungen (Armen- und Krankenhäuser)
  - **kulturelle Infrastruktur:** Bau von Theatern, Opernhäusern und Bibliotheken
- Entwicklung einer **modernen Stadtkultur** mit Individualisierung, Mobilität, der Erfindung von Freizeit und zunehmender Bedeutung materieller Werte → **Modernisierungskrise** wegen Überforderung der Menschen durch Dynamik, Sittenverfall und Traditionsabkehr der Großstadt
- neu entstehende **Massenkultur**, z. B. Kinos (Stummfilme, bewegte Bilder als Sensation), Tanzlokale und riesige Warenhäuser wie Wertheim und KaDeWe in Berlin (**Konsumgesellschaft**)
- **kulturelle Kluft** zwischen moderner Großstadt und weniger dynamischen Kleinstädten → **Antimodernismus** und Verstärkung irrationaler politischer Denkweisen, z. B. von Antisemitismus

Auf einen Blick

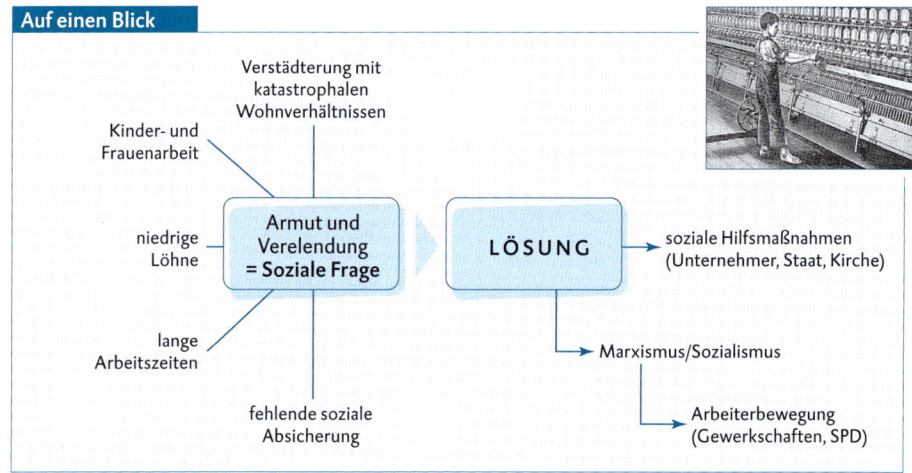

Verstädterung mit katastrophalen Wohnverhältnissen

Kinder- und Frauenarbeit

niedrige Löhne

Armut und Verelendung = Soziale Frage → **LÖSUNG** → soziale Hilfsmaßnahmen (Unternehmer, Staat, Kirche)

lange Arbeitszeiten

Marxismus/Sozialismus

fehlende soziale Absicherung

Arbeiterbewegung (Gewerkschaften, SPD)

Lösungsversuche durch Unternehmer

- seit Beginn des 19. Jahrhunderts Versuche einzelner Unternehmer, die Lage ihrer Arbeiter zu verbessern, z. B. von **Friedrich Harkort** oder **Alfred Krupp**
- **Motive:**
  - patriarchalische **Fürsorgepflicht** und ethische Verantwortung
  - **ökonomisches Kalkül:** Bindung der Arbeitskräfte an den Betrieb
  - Fernhalten der Arbeiter von radikalen sozialistischen Ideen
- **Maßnahmen:**
  - Errichtung von **Wohnhäusern**, Schulen und genossenschaftlichen Konsumvereinen
  - Gründung von **Krankenkassen**
  - Einführung von **Betriebsrenten**

Kirchliche Lösungsansätze

- Kirche bzw. einzelne Vertreter: Wahrnehmung ihrer **christlichen Verantwortung** gegenüber sich verändernder Sozialstruktur der Gesellschaft
- Beispiele für einzelne **Maßnahmen:**
  - Gründung der **Inneren Mission:** Entstehung karitativer Einrichtungen, v. a. in Elendsvierteln
  - katholische Sozialarbeit: Gründung von katholischen Gesellenvereinen („**Kolping-Vereine**")
- **sozialpolitische Forderungen** des Mainzer Bischofs, Wilhelm Emanuel Ketteler, an den Staat:
  - Verkürzung der Arbeitszeit
  - Einschränkung der Frauen- und Verbot der Kinderarbeit
  - Lohnsicherheit und Entschädigung bei Invalidität
  - → Forderungen finden Eingang in **Enzyklika „Rerum Novarum"** von Papst Leo XIII. (1891)

Arbeiterorganisationen

- **Arbeiterbewegung** = Oberbegriff für die organisierten Bestrebungen der abhängigen Lohnarbeiter, ihre wirtschaftliche und soziale Lage zu verbessern und politischen Einfluss zu erlangen

- starke Beeinflussung durch **Lehre des Marxismus** (nach Karl Marx): Forderung nach gewaltsamem Umsturz und **„Diktatur des Proletariats"** mit Überführung der Produktionsmittel in Gemeineigentum und Beendigung der Ausbeutung

Genossenschaften und Gewerkschaften
- **Grundprinzipien:** Selbsthilfe, Selbstverantwortung und Selbstverwaltung
- Gründung von **Einkaufs- und Verkaufsgenossenschaften:** niedrige Preise durch Ausschaltung des Zwischenhandels und Rückzahlung eventueller Gewinne als Rabatte an Verbraucher
- Entstehung von **Spar- und Darlehenskassen** für den Agrarbereich **(Raiffeisen)** → Entwicklung zu Volks-, Handels- und Gewerbebanken
- ab 1865: Gründung von **Gewerkschaften** (erst nach Aufhebung des Sozialistengesetzes 1890 Entwicklung zu Massenorganisationen) → Richtungen:
  - **„Freie Gewerkschaften":** Zusammenschluss der sozialistischen Gewerkschaften
  - **„Hirsch-Duncker'sche Gewerkvereine":** liberal-bürgerlichen Parteien nahestehend, reformerische Linie (Ziel: Verbesserungen im Einvernehmen mit Unternehmern)
  - ab 1895: **„Christliche Gewerkschaften"** (Suche nach Konsens mit Unternehmern)
- Ziel: Verbesserung der Lebens- und Arbeitsbedingungen der Arbeiter durch **Arbeitsschutzgesetze und Koalitionsfreiheit** (Recht auf Zusammenschluss und Streik)

Sozialdemokratie
- 1863: Gründung des **„Allgemeinen Deutschen Arbeitervereins" (ADAV)** durch Ferdinand Lassalle als erste Massenpartei der deutschen Arbeiterbewegung
- 1875: Zusammenschluss des ADAV mit der „Sozialdemokratischen Arbeiterpartei" (SDAP) unter August Bebel und Wilhelm Liebknecht zur **„Sozialistischen Arbeiterpartei" (SAP)** → **Gothaer Programm** mit reformistischen Ansätzen
- 1878–1890: Bekämpfung der Sozialdemokratie durch Bismarcks **Sozialistengesetze** (Verbot der SAP sowie sozialistischer Versammlungen und Druckschriften)
- 1890: Umbenennung der politischen Vertretung der Arbeiterschaft in **„Sozialdemokratische Partei Deutschlands" (SPD)** → **Erfurter Programm** (1891) mit revolutionär-marxistischer Zielsetzung, aber in der Praxis vermehrte **Ausrichtung an parlamentarischer Demokratie**

Staatliche Sozialpolitik

- 1839: **Verbot der Kinderarbeit** unter neun Jahren in Preußen
- Scheitern von weitergehenden Forderungen an liberaler Auffassung eines passiven und gewährenden Staats („**Nachtwächterstaat**") → erst nach Erstarken von Gewerkschaften und Sozialdemokratie Bereitschaft Bismarcks zu aktiver Sozialpolitik
- Verbesserung der Lage der Arbeiter mithilfe staatlicher Maßnahmen: **Krankenversicherung** (1883), **Unfallversicherung** (1884), **Alters- und Invaliditätsversicherung** (1889) → 1911: Zusammenfassung der Gesetze in der **Reichsversicherungsordnung** (im Wesentlichen heute noch gültig)
- **Kerngedanke:** paritätische Verteilung der Kosten auf Arbeitnehmer und Arbeitgeber im Krankheits- und Rentenfall
  ABER: **Scheitern von Bismarcks Ziel**, Arbeiterschaft von Sozialdemokratie zu trennen und sie an Staat zu binden; stattdessen drastischer Anstieg der sozialdemokratischen Regierungsmandate und **Entfremdung zwischen Arbeiterschaft und politischer Führung** des Reichs

Auf einen Blick

Kolonialismus → **Imperialismus** → **Globalisierung**

Zeit der Entdeckungen
15. und 16. Jahrhundert

▫ Handelskolonialismus
   mit „Kulturmission"

▫ Voraussetzungen:
   Wandel des Weltbilds,
   Suche nach alternativen
   Handelsrouten

Wettlauf der europäischen
Mächte um Kolonialbesitz
1880 – 1914

▫ Kolonialpolitik als ein
   Aspekt von Weltpolitik

▫ Voraussetzung:
   wirtschaftliche, militärische und technolo-
   gische Überlegenheit
   der Industrienationen

Vernetzung der Welt durch
moderne Kommunikations-
und Transporttechnik
21. Jahrhundert

▫ zunehmende internatio-
   nale Verflechtungen in
   Wirtschaft, Politik und
   Kommunikation

▫ Voraussetzung:
   Digitale Revolution

Kolonialismus und Imperialismus als Voraussetzungen für Entstehung des Weltwirtschaftssystems
→ heutiges globalisiertes Weltsystem als Ergebnis der europäischen Expansion ab dem 15. Jahrhundert

Definition und Merkmale

- Begriff vom lat. „imperium" = Befehlsgewalt, Herrschaftsbereich; ab 1870 für **„Großreichpolitik"**
- **Zeitalter des Imperialismus** von 1880–1914: weltumspannende Intensivierung der euro-
  päischen Expansion und Wettlauf der europäischen Mächte um Kolonialbesitz in Afrika
  (**„Scramble for Africa"** – „Gerangel um Afrika") und Asien
- Sicherung der kolonialen Herrschaft durch militärische, wirtschaftliche und technologische Über-
  legenheit der europäischen Industriestaaten

Motive

- **wirtschaftliche Interessen:** Suche nach Rohstoffen für heimische Produktion und Schaffung
  von Absatzmärkten für hergestellte Güter
- **bevölkerungspolitische Interessen:** Erschließung neuer Siedlungsgebiete und Arbeitsplätze
  für wachsende Bevölkerung
- **machtpolitische Interessen:** Kolonialbesitz als Voraussetzung für Großmachtstatus
- **geostrategische Interessen:** Aufbau von Stützpunkten für Handel, Schifffahrt und militärischen Nachschub→ Ziel: weltweite Expansion

Imperialismus-Theorien

- **pseudowissenschaftliche Imperialismus-Theorien:**
  - **Sozialdarwinismus mit Rassismus und Chauvinismus:** Recht des Stärkeren anstelle des
    traditionellen Völkerrechts
  - **Sendungsbewusstsein** als Variante des Nationalismus: zivilisatorisches Überlegenheitsgefühl
    (auch wegen industrieller und militärtechnischer Fortschrittlichkeit) gegenüber den „wilden"
    Kulturen Afrikas oder Asiens → kulturelle, religiöse und ideologische Beeinflussung des frem-
    den Lands und Missachtung jahrhundertealter kultureller Traditionen
- zeitgenössische **ökonomische Imperialismus-Theorien:** Erklärung der Expansion mit wirtschaftlichen Motiven, z. B. Suche nach Rohstoffen und Absatzmärkten für die Industrie

- **sozial-ökonomische Theorien** (Hauptvertreter Wehler mit Entwurf des **Sozialimperialismus**): Ablenken von inneren Spannungen durch imperialistisches Engagement, z. B. deutsche Weltpolitik als Möglichkeit, Bürgertum gegen Sozialdemokratie zu mobilisieren
- **Theorie des „peripheren Imperialismus":** Interessen der unmittelbar vor Ort Handelnden (Kaufleute, Siedler, Missionare, Militärs, Beamte) als vorgeschobener Grund für Durchdringung der Kolonien → Durchsetzung staatlicher Wirtschaftsinteressen oder Machtziele
→ **multikausales Erklärungsmodell** statt Gültigkeit einer einzelnen Theorie

Formen

- **informeller Imperialismus:** Formen indirekter Kontrolle (zur Verfolgung begrenzter Handelsinteressen) mithilfe einheimischer Eliten, z. B. in Britisch-Indien oder durch private Handelsgesellschaften wie die Deutsch-Ostafrikanische Gesellschaft
- **formeller Imperialismus:** direkte Verwaltung durch das Mutterland (oft als Ergebnis des Widerstands kolonialisierter Völker), z. B. Kolonialreich Frankreichs
- **Wirtschaftsimperialismus:** wirtschaftliche Durchdringung und Ausbeutung offiziell selbstständiger Staaten, z. B. in China
- **Kulturimperialismus:** Durchsetzung der eigenen religiösen und kulturellen Vorstellungen in den Kolonien durch die Kolonialherren, z. B. Mission in Afrika

Folgen

- **Vernichtung** der ausgebeuteten Völker
- **Verlust von Souveränität und kultureller Identität** der kolonialisierten Völker
- auch nach Erlangung der Selbstständigkeit **Abhängigkeit von der industrialisierten Welt**
- Zerstörung der Lebensweise der kolonialisierten Völker durch **Einzug von technischen und zivilisatorischen „Errungenschaften"** der imperialistischen Länder

Beispiel Deutsch-Südwestafrika

- 1883: **Erwerb eines Küstenstreifens im Südwesten Afrikas** durch Kaufmann Adolf Lüderitz
→ Bitte um staatlichen Schutz wegen Furcht vor englischer Intervention
- 1884: Erklärung von Besitzungen deutscher Kaufleute zu **„Schutzgebieten" des Reichs** →
Geburtsstunde des deutschen Imperialismus: Deutsch-Südwestafrika (heute: Namibia), Deutsch-Ostafrika (heute: Tansania und Burundi), Togo, Kamerun
- aus Sicht der Kolonialherren niedriges Entwicklungsniveau der einheimischen Bewohner: nomadische Viehzüchter (z. B. **Herero und Nama**) → Hoffnung auf wirtschaftlichen Gewinn und Siedlungsmöglichkeiten in Kombination mit **nationalistischem Sendungsbewusstsein:** „Am deutschen Wesen soll die Welt genesen."
- ab 1894: Versuch des Gouverneurs Theodor Leutwein, durch Kooperation mit Stammesführern **Unterordnung der einheimischen Bevölkerung** zu erreichen; aber von Anfang an **zahlreiche Konflikte** zwischen deutschen Siedlern und nomadischen Einheimischen
→ **Herero-Aufstand** unter Samuel Maharero und **Nama-Aufstand** unter Hendrik Witbooi
(1904–1907) → **blutige Niederschlagung** der Aufstände durch deutsche Schutztruppen unter General von Trotha: Inkaufnahme der völligen Vernichtung des Stammes der Herero, die man in der Wüste verhungern und verdursten lässt oder in „Konzentrationslagern" interniert
- insgesamt **geringe wirtschaftliche Bedeutung** der Kolonien, aber **Prestige-Objekt der politischen Führung**

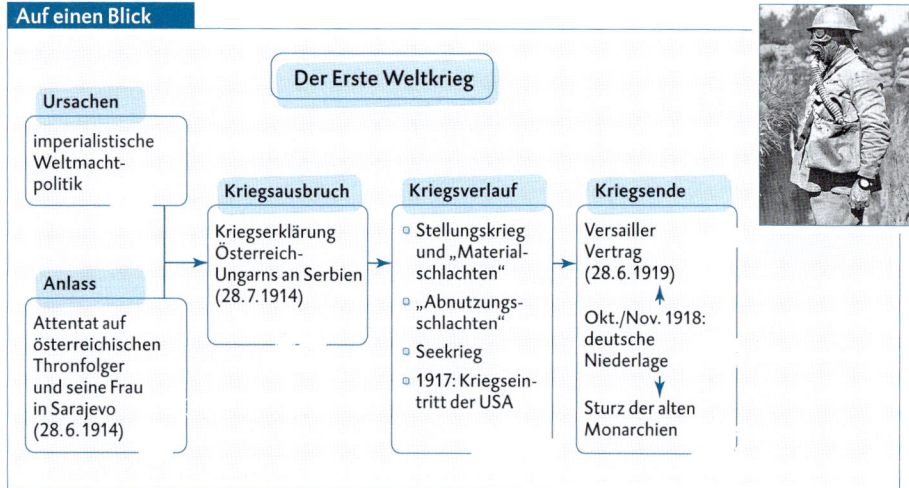

Auf einen Blick

Der Erste Weltkrieg

Ursachen

imperialistische Weltmachtpolitik

Anlass

Attentat auf österreichischen Thronfolger und seine Frau in Sarajevo (28.6.1914)

Kriegsausbruch

Kriegserklärung Österreich-Ungarns an Serbien (28.7.1914)

Kriegsverlauf

- Stellungskrieg und „Materialschlachten"
- „Abnutzungsschlachten"
- Seekrieg
- 1917: Kriegseintritt der USA

Kriegsende

Versailler Vertrag (28.6.1919)

↑

Okt./Nov. 1918: deutsche Niederlage

↓

Sturz der alten Monarchien

Kriegsziele Deutschlands

- **Kriegsziele der Regierung** (festgelegt in Bethmann Hollwegs inoffiziellem „**Septemberprogramm**", September 1914):
  - Schwächung Frankreichs
  - Annexion Luxemburgs und der lothringischen Industriegebiete
  - Deutschland als Hegemonialmacht in Mitteleuropa
  - Abdrängung Russlands in den Osten durch Bildung neuer Pufferstaaten
- ab 1916: Diskussion zwischen Anhängern eines „**Siegfriedens**" mit Umsetzung des „Septemberprogramms" (z. B. Alldeutscher Verband) und eines „**Verständigungsfriedens**" ohne Annexionen (SPD, liberale Parteien, Zentrum)

Merkmale der Kriegsführung

- Scheitern des **Schlieffenplans** (massiver Angriff auf Frankreich, danach Wendung nach Osten im Falle eines Zweifrontenkriegs) → **Stellungskrieg** in Schützengräben an der Westfront mit minimalen Landgewinnen
- „**Materialschlachten**": massiver Einsatz schwerster Artilleriewaffen, um Schützengrabensystem des Gegners zu durchbrechen (Durchbruchsschlachten):
  - **Grabenkämpfe** mit Handgranaten, Maschinengewehren und erstmaligem Einsatz von **Giftgas** und **Panzern** als „Wunderwaffe", ohne damit kriegsentscheidende Wende herbeizuführen
  - „**Abnutzungskrieg**" von Mensch und Material: immens **hohe Verluste**, aber keine Seite ist in der Lage, Taktik zu ändern
- **Seekrieg**, v. a. deutscher **uneingeschränkter U-Boot-Krieg**, um von England verhängte Handelsblockade zu durchbrechen → Angriff feindlicher Kriegs- und Handelsschiffe ohne Warnung
- neue Dimension des Kriegs durch **Technisierung** und bis dahin ungekannten Einsatz von Waffen (Giftgas, Panzer, schwere Artillerie, Flugzeuge, U-Boote, Maschinengewehre)
- → „**moderner**" **Krieg:** Einsatz verschiedener neuartiger Waffen → hohe Verluste

Auswirkungen auf das Alltagsleben

- **Einschränkungen für die Zivilbevölkerung** wegen Auswirkungen des Kriegs auf das Reich:
  - schwierige Nahrungsmittelversorgung, v. a. **Hungerkrisen** und Hungertote durch britische Seeblockade („**Steckrübenwinter**" 1916/17) → Erhöhung der Kindersterblichkeit um 50 %, ernährungsbedingte Krankheiten und Todesfälle
  - Einführung der „**Brotkarte**": Rationierung der Nahrungsmittel auf Niveau des Existenzminimums → Entwicklung eines „**Schwarzmarkts**" mit überhöhten Preisen (Vorteil für Bauern mit Grundbesitz und wohlhabendere Schichten) → Vergrößerung der sozialen Unterschiede
- **Aufhebung sozialpolitischer Errungenschaften:** Einführung von 10-Stunden-Tag bei einer 60-Stunden-Woche, Aufhebung der Einschränkung von Überstunden und Nachtarbeit, teilweise Ersatz der männlichen Arbeitskräfte durch Jugendliche und Frauen
- Zwangsverpflichtung von Arbeitskräften in der Kriegswirtschaft (v. a. Nahrungsmittel- und Rüstungsgüterproduktion)
- **Kriegswirtschaft** mit Krediten statt Steuererhöhungen → **Inflation:** schnellere Preissteigerungen als Lohnerhöhungen → **Verarmung** von Arbeitern und **soziale Deklassierung** von Angestellten und Beamten
- **materielle und psychische Belastungen** durch Fehlen der Männer, Verluste an der Front und heimkehrende Kriegsinvaliden
- veränderte **Haltung der Deutschen zu Gesellschaft und Politik** durch Kriegserfahrungen:
  - Verstärkung des **Antisemitismus**, da Juden von nationalistischen Verbänden pauschal als Sündenböcke für die Kriegsfolgen und „Kriegsgewinnler" abgestempelt werden
  - Entwicklung eines **eigenen Wertesystems aus militärischer Ordnung und Kameradschaft** sowie Entfremdung der ehemaligen Frontsoldaten vom zivilen Leben → Zulauf zu rechten Freikorps oder Parteimilizen, z. B. SA
  - **Radikalisierung der Arbeiterschaft** wegen gewaltsamer Beendigung von Streiks und Protesten gegen Weiterführung des Kriegs → Verlust der Herrschaftslegitimation der Monarchie
  → „**totaler**" Krieg: Mobilisierung aller gesellschaftlichen Ressourcen für den Krieg

Kriegsschuldfrage

„**Kriegsschuldartikel**" 231 des Versailler Vertrags: **Alleinschuld Deutschlands** und seiner Verbündeten am Kriegsausbruch
- **Zurückweisung durch deutsche Historiker** (während der Weimarer Republik): „Hineinschlittern" Europas in den Krieg ohne besonderes Verschulden einer einzelnen Macht
- „**Fischer-These**" des Hamburger Historikers Fritz Fischer (1960er-Jahre): **bewusste Herbeiführung des Kriegs** durch deutsche Elite in der Julikrise, um Hegemonialstellung in Europa und Weltmachtposition zu erreichen
- **Relativierung der „Fischer-These"** (Wehler und Mommsen): Krieg zur Ableitung von innenpolitischem Druck (Wahlerfolge der Sozialdemokratie) und zur Herstellung von Kriegskonsens („Burgfrieden"), aber keine bewusste Planung des Kriegs durch politische Führung
- **Theorie des „kalkulierten Risikos":** Eindruck der sich verfestigenden „Triple-Entente" („Einkreisung") bei der deutschen Führung → Instrumentalisierung der Julikrise, um Entente durch diplomatischen Druck zu sprengen → **bewusstes Inkaufnehmen des Risikos eines europäischen Kriegs** → Konsens: **Hauptschuld** der offensiv agierenden deutschen Führung
- **Christopher Clark:** Relativierung der Hauptschuld Deutschlands, stattdessen **nur Mitschuld** (europäische Politiker agieren wie „Schlafwandler") → weiterhin kontrovers diskutiert

Auf einen Blick

Ursachen

▫ Störung des globalen Handels- und Währungs-systems durch den Ersten Weltkrieg

▫ Überproduktion und Finanz-spekulation in den USA

▫ große Abhängigkeit der deutschen Banken von ausländischem Kapital (Kredite)

Folgen

▫ Arbeitslosigkeit

▫ Massenelend

▫ Legitimationsverlust der regierenden Parteien und Zulauf zu radikalen Parteien

▫ „New Deal" in den USA

„Schwarzer Freitag"
25. Oktober 1929

Ursachen

- Erster Weltkrieg: abruptes Ende des anhaltenden konjunkturellen Aufschwungs und empfindliche **Störung des globalen Handels- und Währungssystems**
- seit Mitte der 1920er-Jahre: überhöhtes Wirtschaftswachstum in den USA (angeheizt durch Spekulationen) → **Überproduktion:** Güterangebot weit größer als Nachfrage
- Deutschland: **latenter Kapitalmangel**, u. a. wegen hoher **Reparationen** → ab 1923/24: kurzfristiges Leihen hoher Geldsummen bei amerikanischen Banken (Kredite) → große **Abhängigkeit der deutschen Banken von ausländischem Kapital** und vom Warenexport sowie vom internationalen Finanzsystem und von wirtschaftlicher Entwicklung der Kreditgeber

Verlauf

- 24./25. Oktober 1929: „Black Thursday"/„**Schwarzer Freitag**" (unterschiedliche Benennung aufgrund der Zeitverschiebung) an New Yorker Börse mit **Kurseinbrüchen** vieler Unternehmen nach übermäßigen Investitionen → Panikverkäufe und weitere Beschleunigung des Fallens von Aktienkursen → **schwere Wirtschaftskrise** in den USA: Banken zahlungsunfähig, Konkurs von Unternehmen → viele Entlassungen
- **Ausweitung** des Börsenkrachs **zur Weltwirtschaftskrise:**
  - Verringerung des internationalen Warenaustauschs
  - Verschärfung des Handelsrückgangs durch **Schutzzollpolitik**, die Importe in USA erschwert
  - Beschleunigung der Rezession durch **Rückforderung amerikanischer Auslandskredite** aus Europa → Übergreifen der Wirtschaftskrise auf Europa
- Entwicklung in **Deutschland:**
  - **drohende Zahlungsunfähigkeit** der deutschen Banken und zahlreicher Unternehmen
  - Leitzinserhöhung durch Reichsbank und Verbot der Kapitalausfuhr, um Banken zu stabilisieren
  - **Rückgang der Industrieproduktion** → Halbierung der Löhne der Arbeiter
  - Sommer 1931: **Zusammenbruch der „Danatbank"** → Erschütterung des Vertrauens in deutsches Finanzsystem → Schließung von Banken und zahlreichen Firmen

- 1931: **Anstieg der Arbeitslosen** auf über 5 Millionen (ca. jeder Dritte arbeitslos)
- wegen geringer sozialer Absicherung **schwere soziale Krise:** Hungersnot und Massenelend bei Arbeitslosen; Unter- und Mangelernährung bei Kindern; vermehrt Schwangerschaftsabbrüche
- **Flucht aus den Städten** aufs Land in der Hoffnung auf mehr Arbeit und Nahrungsmittel
- psychische Folgen: Gefühl von Nutzlosigkeit und Verlust des Selbstwertgefühls → Legitimationsverlust der regierenden Parteien und **Zulauf zu radikalen Parteien**
- 1930: **Zerbrechen der Großen Koalition** aus Zentrum, DVP, DDP, BVP und SPD unter Kanzler Müller an **Streit um** Finanzierung der seit 1927 bestehenden **Arbeitslosenversicherung** (angelegt auf maximal 800 000 Arbeitslose) → Wahlen 1930: NSDAP zweitstärkste Fraktion
- 1930–1932: **Minderheitskabinett Brüning**, der nur noch über Notverordnungen regiert und vorrangig Reparationszahlungen loswerden will → Verzicht auf Ankurbelung der Wirtschaft und Arbeitsbeschaffungsmaßnahmen, stattdessen eiserne Sparpolitik (**Deflationspolitik** des „Hungerkanzlers"):
  – Kürzung öffentlicher Ausgaben und Senkung der Gehälter im öffentlichen Dienst
  – Steuererhöhungen
  – Absenkung der Sozialleistungen
  → **Verschärfung der Wirtschaftskrise** (beim Volk sehr unpopulär, aber umstritten, ob es realistische Alternative gab) und wachsende **Radikalisierung der politischen Landschaft**

- 1932: **Präsidentschaftswahlen** im Sog der Weltwirtschaftskrise → **Sieg Roosevelts** (Demokrat) über Vorgänger Hoover mit Parole vom „New Deal" (Übernahme von wirtschaftlicher Verantwortung des Staats für den Einzelnen)
- 1933–1935: **erste Phase des „New Deal"** mit (teilweise verfassungswidrigen und später wieder aufgehobenen) Reformmaßnahmen
  – **Emergency Banking Act:** stärkere Aufsichtspflichten für Finanzministerium zur Stabilisierung des Bankensektors
  – Juni/Juli 1933: **Scheitern einer internationalen Währungsstabilisierung** auf Londoner Weltwirtschaftskonferenz an **Wirtschaftsnationalismus** der USA
  – **Arbeitsbeschaffungsmaßnahmen,** u. a. Civilian Conservation Corps (CCC) = Arbeitsdienst für junge, arbeitslose Männer
  – **Agricultural Adjustment Act** (AAA): Subventionierung landwirtschaftlicher Produkte und günstige Kredite für Farmer
  – **National Industrial Recovery Act** (NIRA): Erlaubnis zu Absprachen über Preise und Produkte → Monopolisierung, weshalb Gesetz vom Supreme Court als unzulässig erklärt wird
- ab 1935: **zweite Phase des „New Deal"** mit Verschärfung des Reformkurses und **Unterstützung der Arbeiterbewegung und der Gewerkschaften**
  – Steuererhöhungen für Unternehmer und Besserverdienende
  – **Wagner-Act:** Stärkung gewerkschaftlicher Rechte → vermehrt Streiks und Arbeiterkämpfe
  – **Social Security Act** als Grundlage des modernen amerikanischen Sozialstaats: Renten- und Arbeitslosenunterstützung
  → **Unterschied zu Deutschland und Europa:** Reformorientierung statt Festhalten an alten, überkommenen Strukturen und Werten

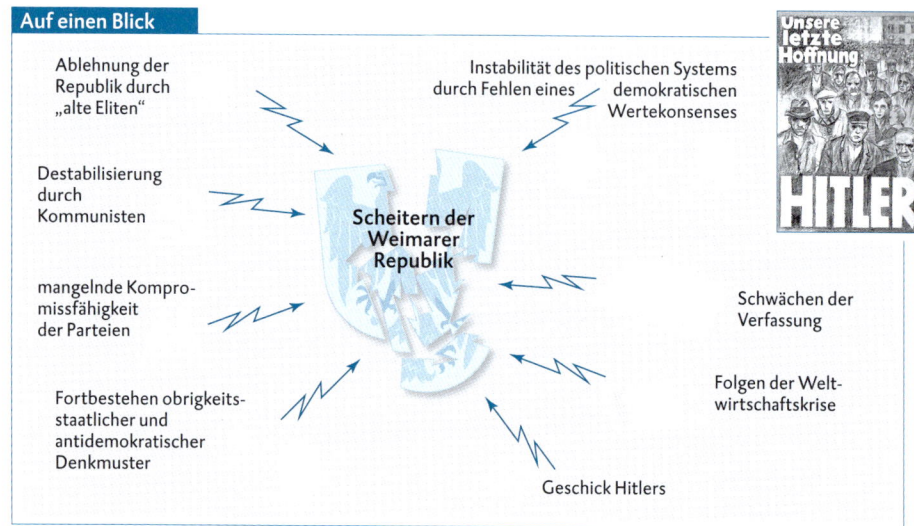

Auf einen Blick

Ablehnung der
Republik durch
„alte Eliten"

Instabilität des politischen Systems
durch Fehlen eines   demokratischen
Wertekonsenses

Destabilisierung
durch
Kommunisten

**Scheitern der
Weimarer
Republik**

mangelnde Kompro-
missfähigkeit
der Parteien

Schwächen der
Verfassung

Fortbestehen obrigkeits-
staatlicher und
antidemokratischer
Denkmuster

Folgen der Welt-
wirtschaftskrise

Geschick Hitlers

Aufstieg der NSDAP

- 1919: Eintritt Hitlers in die Deutsche Arbeiterpartei (DAP)
- 1920: Umbenennung der Partei in **Nationalsozialistische Deutsche Arbeiterpartei (NSDAP)** und Veröffentlichung des **25-Punkte-Programms** (u. a. Aufhebung des Versailler Vertrags, Ablehnung der deutschen Staatsbürgerschaft für Juden, Propagierung eines autoritären Staats)
- 1921: **Übernahme des Parteivorsitzes durch Hitler** und Durchsetzung des Führerprinzips
- **wachsende Anhängerschaft** durch aggressive Propaganda, Straßenterror der SA, Hitlers rhetorische Begabung und Unterstützung durch einflussreiche bayerische Kreise
- **Scheitern des Hitler-Putsches** am 9. November 1923 → Festungshaft Hitlers in Landsberg am Lech, wo er die beiden Bände von *Mein Kampf* schreibt
- Übergang zur „**Legalitätstaktik**" = Erlangung der Macht auf legalem Weg
- 1929: Aufbegehren gegen den Young-Plan, Bündnis mit DNVP („Harzburger Front") und Folgen der Weltwirtschaftskrise als entscheidender Durchbruch der NSDAP → 1930 zweitstärkste und 1932 **stärkste Partei** bei Reichstagswahlen
- **Wähler und Mitglieder der NSDAP:**
  – vom Abstieg bedrohtes Bürgertum, v. a. Selbstständige, Beamte, Rentner und Pensionäre
  – ländliche Bevölkerung in protestantischen Gebieten
  – junge Neuwähler mit besonderer Empfänglichkeit für einfache Parolen der Nationalsozialisten
  – Teile der Arbeiterschaft
    → NSDAP als erste deutsche klassen- und milieuübergreifende Volkspartei

Scheitern der Weimarer Republik

- 1930: Bruch der Großen Koalition und **Beginn der Präsidialkabinette unter Reichskanzler Brüning:** Regierung ohne Parlamentsmehrheit mithilfe von **Notverordnungen** nach Art. 48 der Verfassung, nur gestützt auf Vertrauen des Reichspräsidenten Paul von Hindenburg („Ersatz-kaiser") → Reichstagsauflösung bei Widerspruch gegen Notverordnungen

- **Beeinflussung Hindenburgs** durch rechtskonservative Berater („**Kamarilla**")
- Reichstagswahl 1930: **NSDAP** wird **zweitstärkste Fraktion** → Tolerierung der Regierung Brüning durch SPD und gemäßigte Bürgerliche
- Mai 1932: **Sturz Brünings** durch wiedergewählten Hindenburg
- **Ernennung Franz von Papens** zum Reichskanzler und Leiter des „**Kabinetts der Barone**" aus deutschnationalen Adligen
- Aufhebung des von Brüning erlassenen SA- und SS-Verbots
- **Straßenkämpfe zwischen SA und Kommunisten** als Anlass, um demokratische Minderheitenregierung in Preußen abzusetzen („**Preußenschlag**") = Verlust der letzten Machtposition der Demokraten in der Exekutive
- Auflösung des Reichstags durch Hindenburg und **Neuwahlen: NSDAP als stärkste Partei**, aber Weigerung Hindenburgs, Hitler zum Reichskanzler zu ernennen
- Misstrauensvotum des Reichstags gegenüber von Papen → **Reichstagsauflösung**
- **keine regierungsfähige Mehrheit** bei Neuwahlen → **Entlassung von Papens**, der mithilfe eines Staatsnotstands und Unterstützung der Reichswehr Präsidialdiktatur errichten will
- Dezember 1932: **Ernennung Kurt von Schleichers**, der breite parlamentarische Basis für seine Politik sucht („**sozialer General**") → Versuch, Reichstagsauflösung herbeizuführen und Neuwahlen aufzuschieben, um präsidiale Diktatur durchzusetzen („**Staatsnotstandsplan**")
- **Scheitern von Schleichers** → Bereitschaft Hitlers, Koalitionsregierung mit Deutschnationalen und parteilosen Konservativen zu bilden → Versicherung von Papens, Nationalsozialisten in gemeinsamer Regierung zu „zähmen"
- 30. Januar 1933: **Ernennung Hitlers zum Reichskanzler** durch Reichspräsident Hindenburg

Gründe für Scheitern der Weimarer Republik

- **Ablehnung der Republik durch „alte Eliten"** des Kaiserreichs, die in Machtpositionen geblieben sind, z. B. Reichspräsident Hindenburg → kein Zwang zur Ernennung Hitlers, sondern Nachgeben gegenüber Drängen einflussreicher Industrieller und der „Kamarilla"
- **Destabilisierung der Republik durch Kommunisten** (KPD): Abhängigkeit von Moskauer Genossen und Gegnerschaft zur SPD, was gemeinsame Front der Arbeiterschaft gegen Nationalsozialisten verhindert; außerdem hemmendes Verhalten im Parlament und Gewalt in Straßenkämpfen → Furcht vor bolschewistischer Revolution → Zunahme der NSDAP-Wähler
- **Fortbestehen obrigkeitsstaatlicher und antidemokratischer Denkmuster** bei einem Großteil der Bevölkerung → Hitler kann reaktionäre Grundstimmung nutzen und seine Ideologie findet großen Anklang
- latente **Instabilität des politischen Systems durch Fehlen eines demokratischen Wertekonsenses**, z. B. allgemeine Ablehnung des Versailler Vertrags, der große Belastung für Ansehen der Republik darstellt
- **fehlende Bereitschaft der Parteien zur Zusammenarbeit** aufgrund mangelnder Regierungstradition und Egoismus
- **Schwächen der Verfassung** (z. B. Zulassung von Splitterparteien im Parlament, starke Rolle des Reichspräsidenten), allerdings ist Verfassung an sich keine Ursache für Scheitern der Republik, sondern deren Umsetzung durch Hindenburg und seine „Kamarilla"
- **Folgen der Weltwirtschaftskrise:** keine Möglichkeit zur Verankerung republikanischer Strukturen, Radikalisierung der vom Elend bedrohten Bevölkerung
- **Geschick Hitlers**, der konsequent Fehler und Schwächen der Demokraten ausnutzt

Auf einen Blick

Aufhebung der Standes- und Klassengegensätze in der „Volksgemeinschaft" (Inklusion)

Beschränkung der Zugehörigkeit auf wertvolle „arische" Deutsche (Exklusion)

„Volksgemeinschaft"

Heilserwartungen an das 1000-jährige „Dritte Reich" als Endpunkt der Geschichte

Führermythos: Hitler als der vom Schicksal gesandte Retter

Hitlers Konzept richtet sich gegen

- das „Artfremde", „Undeutsche"
- die christliche Ethik
- Menschen- und Bürgerrechte
- demokratische Prinzipien
- die Rechte des Individuums

Führerprinzip

- **Unterordnung** der „Volksgemeinschaft" unter den Willen eines Einzelnen: **absoluter Gehorsam** gegenüber den Befehlen des „Führers" → **Opposition als Verbrechen**
- Ablehnung jeglicher Form von Machtaufteilung und Mehrheitsbeschlüssen = **Antiparlamentarismus** → Ablehnung der Parteiendemokratie
- Führerprinzip auf allen Ebenen: Autorität nach unten, Gehorsam nach oben
- Rechtfertigung des absoluten Machtanspruchs mit **angeblicher Unfehlbarkeit Hitlers** („Der Führer hat immer recht.") und mit **Führermythos** (Hitler als vom Schicksal gesandter Retter)

„Volksgemeinschaft"

- Gemeinschaft (**Inklusion**) derjenigen, die laut der NS-Ideologie zum deutschen Volk gehören („**Volksgemeinschaft**" als „**Blutsgemeinschaft**") → Ausschluss (**Exklusion**) von Juden, „Zigeunern" und anderen aus rassischen oder politischen Gründen unerwünschten Personengruppen (Behinderte, Homosexuelle, Oppositionelle usw.)
- **Feindbilder** zur Integration aller erwünschten Mitglieder durch Stärkung des Zusammenhalts und Aufwertung der zur Gemeinschaft Gehörenden
- innerhalb der „Volksgemeinschaft" Streben nach **Aufhebung der Klassenunterschiede sowie jeglicher Individualität** („Du bist nichts, dein Volk ist alles.")
- Appell an **Opferwillen des Einzelnen für die Gemeinschaft**, aber keinerlei Solidarität für Schwache und Hilfsbedürftige (**„Ethik der Mitleidslosigkeit"**)

Rassenlehre und Antisemitismus

- Glaube an Existenz biologisch unterschiedlicher Rassen als Ausgangspunkt → Einteilung der Menschheit in **höher- und minderwertige Rassen:**

– „arische Rasse" als wertvollste Rasse mit Recht auf Herrschaft über die Erde, Deutsche als „Herrenvolk" unter den **„Ariern"**

– **jüdische „Rasse"** als Feindbild und Bedrohung für Herrschaftsanspruch der „Arier" → **„Überlebenskampf"** gegen „jüdische Weltverschwörung"

- **internationales Judentum als das personifizierte Böse**, das für alles verantwortlich gemacht wird, was die Nationalsozialisten ablehnen (Marxismus, Liberalismus, Demokratie, Pazifismus, Parlamentarismus, Versailler Vertrag) → **Vernichtung der Juden** im Sinne von Hitlers wahnhaftem Denken als logische Konsequenz

- **Antisemitismus:** heute Bezeichnung für alle Erscheinungsformen der Judenfeindschaft, im 19. Jahrhundert pseudowissenschaftliche, rassistische Ablehnung von Juden (vorher religiöse oder ökonomisch begründete Judenfeindschaft) → bei Hitler **„eliminatorischer Rassenantisemitismus"**, auf Vernichtung der Juden ausgerichtet

Lebensraumpolitik und Sozialdarwinismus

- Ziel Hitlers: rassisch reines germanisch-deutsches Großreich durch Eroberung von **„Lebensraum im Osten"** für das deutsche „Herrenvolk" → **„Umvolkungspläne":** Umsiedlung von „Deutschblütigen" auf russischen Boden (in den Händen „jüdisch-bolschewistischer Untermenschen"), aber auch Ausbeutung von Landwirtschaft und Rohstoffvorkommen

- **Sozialdarwinismus** als pseudowissenschaftliche Grundlage: unhaltbare Übertragung von Darwins Evolutionstheorie zur natürlichen Auslese der Arten auf den Menschen → **„Recht des Stärkeren"** und „Ausmerzung des Schwachen" im **„Kampf ums Dasein"**

Antisozialismus und Antibolschewismus

- **Ablehnung von Liberalismus und Sozialismus** als Verstoß gegen nationale Grundwerte
- Vorwurf an Judentum, mithilfe von Marxismus und uneingeschränktem Kapitalismus die Weltherrschaft erlangen zu wollen → **Kommunismus als Feindbild** des Nationalsozialismus
- Propaganda vom **„nationalen Sozialismus":** Aufhebung der Klassengegensätze und Entproletarisierung der Arbeiter

Nationalsozialistischer Sprachgebrauch

Ziel der NS-Ideologie: Beeinflussung der Menschen im Sinne der herrschenden Partei → zusätzliche **Beeinflussung durch Sprachgebrauch:**

- vielfache Verwendung von **Abkürzungen**, um Bekanntheit der Organisationen zu suggerieren, z. B. BDM für *Bund Deutscher Mädel*, KdF für *Kraft durch Freude* oder KZ für *Konzentrationslager*
- Verwendung **technischer Begriffe**, z. B. *Gleichschaltung* oder *Arisierung*
- Entmenschlichung durch **Metaphern aus der Tier- und Pflanzenwelt**, z. B. Bezeichnung der Juden als *Bazillus, Schmarotzer* oder *Parasiten*
- Verschleierung von Verbrechen durch **Euphemismen**, z. B. *Euthanasie, Endlösung, Sonderbehandlung* oder *Reichskristallnacht*
- Überhöhung des Nationalsozialismus bzw. Erniedrigung von Gegnern durch Verwendung von **Superlativen**, z. B. *heiligste Empörung*
- Anleihen aus dem **religiösen Sprachgebrauch**, z. B. *Vorsehung, Glaube, Weihe* oder *Opfer*
- **Entindividualisierung**, z. B. *der Jude* für alle Juden, *Menschenmaterial, Menschenmasse*
- ständige **Wiederholung** von positiv besetzten Begriffen, z. B. *Volk*

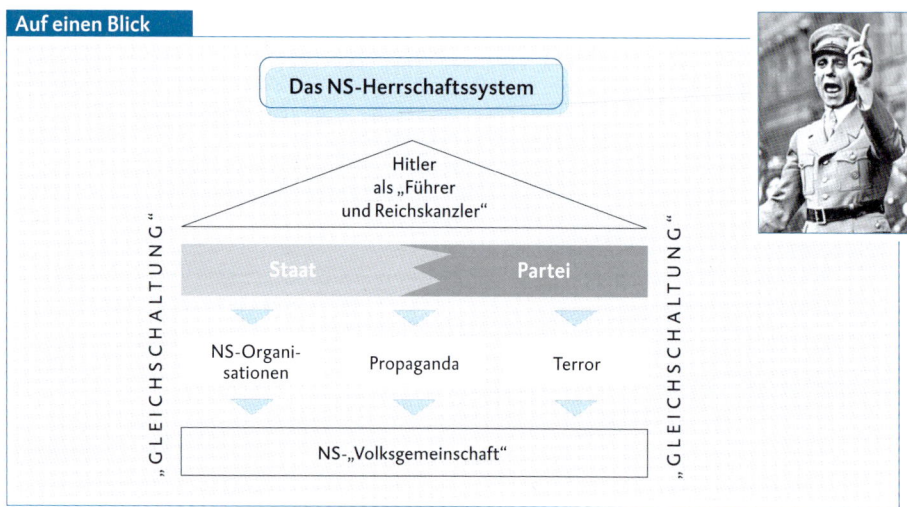

Auf einen Blick

Das NS-Herrschaftssystem

Hitler als „Führer und Reichskanzler"

„GLEICHSCHALTUNG" — Staat / Partei — „GLEICHSCHALTUNG"

NS-Organisationen — Propaganda — Terror

NS-„Volksgemeinschaft"

„Machtergreifung"

- „Machtergreifung" als **Begriff der Nachkriegszeit**, um aggressiven Charakter des NS-Regimes zu betonen und breite Zustimmung des Volks zu verschleiern → **Machtübertragung** in Tradition der Präsidialkabinette und formal im Rahmen der Verfassung
- **Regierung der „nationalen Konzentration"** mit Hitler, Frick, Göring und später Goebbels (NSDAP) und Konservativen, die Nationalsozialisten „zähmen" sollen → **Sprengung des Zähmungskonzepts** durch Hitler mithilfe von Reichstagsauflösung und Neuwahlen
- 4. Februar 1933: „Verordnung zum Schutze des deutschen Volkes": Einschränkungen von Presse- und Versammlungsfreiheit (angeblich, um Volk vor kommunistischem Umsturz zu schützen)
- **Reichstagsbrand** am 27. Februar 1933 → **„Reichstagsbrandverordnung"** vom 28. Februar: Einschränkung der Grundrechte → Verhaftung von über 10 000 politischen Gegnern
- 5. März 1933: **Reichstagswahlen**; NSDAP erreicht trotz Terror gegen linke Parteien nur 43,9 % der Stimmen
- 23. März 1933: **„Ermächtigungsgesetz"**: Regierung kann ohne Mitwirkung von Reichstag und Reichsrat (auch von der Verfassung abweichende) Gesetze erlassen = **Ausschaltung des Parlaments und der Weimarer Verfassung** (Erreichen der nötigen 2/3-Mehrheit, indem die verhafteten Abgeordneten als „unentschuldigt fehlend", aber anwesend gewertet werden; SPD einzige Partei, die trotz Drohungen Hitlers gegen „Ermächtigungsgesetz" stimmt)

„Gleichschaltung"

= Vereinheitlichung des gesamten gesellschaftlichen und politischen Lebens im Sinne der NS-Ideologie

Politische Ebene

- 31. März 1933: „Erstes Gesetz zur **Gleichschaltung der Länder** mit dem Reich" = Aufhebung des Föderalismus durch Auflösung der Landtage und Neuzusammensetzung nach dem Ergebnis der Reichstagswahl

- 7. April 1933: „Gesetz zur **Wiederherstellung des Berufsbeamtentums**": Entlassung von Beamten „nichtarischer" Herkunft oder mit politisch unerwünschter Einstellung („Arierparagraph")
- 14. Juli 1933: **„Gesetz gegen die Neubildung von Parteien":** NSDAP als einzige Partei
- 1. Dezember 1933: **„Gesetz zur Sicherung der Einheit von Partei und Staat":** Erklärung der NSDAP als unauflöslich mit dem Staat verbunden → NSDAP = Staat
- Juni/Juli 1934: **Ausschaltung der letzten innerparteilichen Opposition** durch Aktion gegen die SA (vorgeblich zur Niederschlagung eines geplanten Putschversuchs = **„Röhm-Putsch"**)
- 1. August 1934: „Gesetz über das Staatsoberhaupt des Deutschen Reiches": **Vereinigung des Amts des Reichspräsidenten mit dem des Reichskanzlers** → Hitler ist alleiniges Staatsoberhaupt → Vereidigung der Reichswehr auf Hitler = **uneingeschränkte NS-Diktatur**

Gesellschaftliche Ebene
- Ziel: totale Erfassung jedes Einzelnen (**totalitäre Diktatur**) → Durchdringung aller Lebensbereiche mithilfe von NS-Organisationen, Propaganda und Terror
- Beispiele für **NS-Massenorganisationen:**
  - **Jugendorganisationen:** Deutsches Jungvolk (DJ), Jungmädel (JM), **Hitlerjugend (HJ)**, **Bund Deutscher Mädel (BDM)** → Ziel: Vereinnahmung der Jugendlichen für den Staat durch Erziehung der Jungen zu zukünftigen Soldaten und der Mädchen zu „gebärfreudigen" Müttern
  - **NS-Frauenschaft** für alle Frauen, die als Mütter nationalsozialistisches Idealbild der Frau verkörpern sollen
  - **Deutsche Arbeitsfront (DAF):** Ersatz für zerschlagene Gewerkschaften zur Erfassung aller Arbeitgeber und Arbeitnehmer, denen Tarifautonomie und Streikrecht genommen wird
- Beispiele für **Propagandamaßnahmen und -einrichtungen:**
  - Reichspropagandaministerium unter der Leitung von Joseph Goebbels: **Kontrolle der Massenmedien** durch „Gleichschaltung" der Presse sowie von Rundfunk und Fernsehen
  - **Masseninszenierungen**, z. B. Reichsparteitage
  - **Selbstdarstellung in den Medien:** Propagandafilme; Produktion des „Volksempfängers" → Beeinflussung durch Mischung aus Unterhaltung und politischer Indoktrination
- Beispiele für **Terrormaßnahmen und -einrichtungen:**
  - **Gestapo, SS** und **SD** als Terror- und Verfolgungsorgane → Entstehung eines Systems aus Bespitzelung und Denunziationen
  - Errichtung von **Konzentrationslagern** → Folter und Vernichtung Andersdenkender

„Führerstaat"

- **Hitlers Machtfülle** vermittelt Eindruck straffer, zentralistischer Herrschaft in einheitlichem Führerstaat, ABER in der Realität ständige **Machtkämpfe auf allen staatlichen und parteilichen Ebenen** unterhalb Hitlers = **„polykratische" Herrschaft** mit chaotischer Regierungsstruktur
- personelle und organisatorische **Verzahnung von Staat und Partei:** Parteifunktionäre zugleich Verwaltungsbeamte, z. B. Himmler zugleich Chef der Polizei und „Reichsführer SS" → Aushöhlung der staatlichen Macht durch Ämter und Behörden der Partei
- Führererlasse und -befehle außerhalb jeglicher Kontrolle
- diffuser **„Führerwille"** als verbindendes Element: auf allen Ebenen Versuch, auch ohne expliziten Befehl nach Hitlers Willen zu handeln

Auf einen Blick

NS-Wirtschaftspolitik

Arbeitsbeschaffungs-programm	Rüstungspolitik	Sozialpolitik
▫ Entlastung des Arbeits-markts (RAD, Wehrpflicht) ▫ subventionierte Arbeits-plätze ▫ Förderung des Wohnungs- und Autobahnbaus	▫ Großindustrie als Stütze des NS-Systems ▫ rüstungspolitische Aus-richtung zulasten der Konsumgüterindustrie	▫ Vermittlung eines Gefühls von Sicherheit ABER: längere Arbeits-zeiten und geringere Sozialleistungen ▫ NS-Organisationen: KdF, DAF

Primat der Ideologie vor rationaler Wirtschaftspolitik
➜ Verbindung von Wirtschaft und Wehrhaftigkeit

nur Scheinblüte der Wirtschaft durch immense Staatsverschuldung

Arbeitsbeschaffungsprogramm

- **Ziel:** Wirtschaftswachstum; Vermeidung sozialer Unruhen; Gewinnung von Rückhalt bei Bevöl-kerung
- Versprechen von **Beseitigung der Arbeitslosigkeit** als ein Grund für Aufstieg der NSDAP →
  ab 1933: Rückgriff auf Pläne der Vorgängerregierungen für **Arbeitsbeschaffungsprogramme**
- **Ausklammern bestimmter Personengruppen vom Arbeitsmarkt**, z. B. Ehestandsdarlehen
  für junge Ehefrauen bei Aufgabe ihres Berufs
- ab 1935: Einführung der **Wehrpflicht** und des halbjährigen **Reichsarbeitsdienstes** (**RAD**) für
  junge Männer und später auch Frauen → fast dreijährige Entfernung vom Arbeitsmarkt
- Schaffung **staatlich subventionierter Beschäftigungsmöglichkeiten**, z. B. als Land- und
  Erntehelfer oder als Fürsorgearbeiter
- **Förderung des Wohnungs- und Autobahnbaus** (propagandistische Ausschlachtung) sowie
  Ausbau der Reichsbahn und der Reichspost
- → bis 1936 fast vollständiger **Rückgang der Arbeitslosenzahlen** → entscheidender Grund:
  massive **Aufrüstungspolitik** (außerdem **allgemeine Erholung der Weltwirtschaft** ab 1932
  und **Ausklammerung bestimmter Berufsgruppen** von Arbeitslosenzählung)

Rüstungspolitik und Autarkiebestrebungen

- **Ziel:** „**Wehrhaftmachung** des deutschen Volkes" und Unabhängigkeit vom Ausland bei allen
  kriegswichtigen Produkten (**Autarkie**)
- Anstieg der **Rüstungsausgaben**, finanziert durch **Mefo-Wechsel** (Deckung des Wechsels
  durch die Reichsbank, ohne dass Geld im Reichshaushalt auftaucht = Verschleierung der
  Verschuldung)
  → explodierende **Staatsverschuldung**
  → **Krieg** in Form eines Beutekriegs **auch wirtschaftlich begründet**

- 1936: Beauftragung Görings mit Durchführung des **Vierjahresplans** (deutsche Wirtschaft soll innerhalb von vier Jahren kriegsfähig sein) = **staatliche Kommandowirtschaft:** Mitbestimmung Görings bei Investitionsentscheidungen und Rohstoffzuteilungen, aber Fortbestehen privatwirtschaftlicher Unternehmen → **Primat der Ideologie** vor rationaler Wirtschaftspolitik
- **deutsche Großwirtschaft als zentrale Stütze** des NS-Staats → keine „Gleichschaltung" der Unternehmerverbände, die im „Reichsstand der Deutschen Industrie" selbstständig bleiben
- **Vorteile für Großwirtschaft** durch Ausschaltung der Gewerkschaften, staatliche Investitionen, Aufrüstung, „Arisierung", Ausplünderung besetzter Länder und durch Zwangsarbeiter
- trotz der Eingriffe in Arbeits-, Rohstoff- und Kapitalmarkt bleiben **Privatbesitz an Produktionsmitteln** und privates Gewinnstreben **unangetastet** → statt des propagierten Kampfs gegen Großindustrie Förderung durch Rüstungsaufträge
- **Scheinblüte der Wirtschaft:** Zunahme der Kaufkraft der Bevölkerung durch gestiegenes Lohnaufkommen ehemaliger Arbeitsloser, aber Fehlen eines angemessenen Konsumgüter- und Nahrungsmittelangebots (Aufschwung der Rüstungsindustrie zulasten der Konsumgüter- und Nahrungsmittelindustrie)
  → **Kluft zwischen ideologischen Ansprüchen**, wirtschaftspolitischen Zielsetzungen und propagandistisch ausgeschlachteten Erfolgen einerseits **und realer Umsetzung** und wirklichen Erfolgen andererseits

Sozialpolitik

- **Ziele:** Linderung akuter Not, um Unruhen zu vermeiden; Nutzung der Fürsorge zur Kontrolle und Selektion von „Nichtariern", „Asozialen" oder „Gemeinschaftsfremden"; Erzielen von Rückhalt bei der Bevölkerung
- propagandistische Ausschlachtung wirtschaftlicher Erfolge, um Arbeitern das **Gefühl von Sicherheit** zu vermitteln → Verschleierung, dass höhere Löhne durch **längere Arbeitszeiten** und **geringere staatliche Sozialleistungen** erzielt werden
- **staatliche Maßnahmen** zur Erhöhung des Lebensstandards:
  - NS-Freizeitorganisation „**Kraft durch Freude**" (**KdF**) zur Regeneration der Arbeitskraft
  - Produktion des „**Volkswagens**" in Werk der Deutschen Arbeitsfront (DAF), der für jeden erschwinglich sein soll
  - Einführung des **1. Mai als gesetzlicher Feiertag**

Wirtschaftspolitik im Krieg

- **militärische Misserfolge** der Wehrmacht und überlegenes Wirtschaftspotenzial der Alliierten → seit 1942 Mobilisierung aller verfügbaren Kräfte → Verdreifachung der Industrieproduktion bis 1944 durch Modernisierung und Rationalisierung
- Deportation von über 7 Millionen **Zwangsarbeitern** (v. a. Polen, Ukrainer und Russen) ins Reich und Eingliederung in den Wirtschaftsprozess
- „**Vernichtung durch Arbeit**": Einsatz von KZ-Insassen zur Produktion kriegswichtiger Güter
- **Beutekrieg** zur Vermeidung des selbstverschuldeten wirtschaftlichen Desasters
- **Beteiligung der deutschen Industrie an Ausbeutung** der besetzten Staaten und Verstrickung in Holocaust, z. B. durch Lieferung von Giftgas oder Verbrennungsöfen, Verwertung von Zahngold oder anderen Wertsachen der Ermordeten oder durch Bau von Industrieanlagen in der Nähe von Vernichtungslagern (Buna-Werke der IG Farbenindustrie AG in Auschwitz-Birkenau)
  → **kein Widerstand** aus den Reihen der Wirtschaftsführer

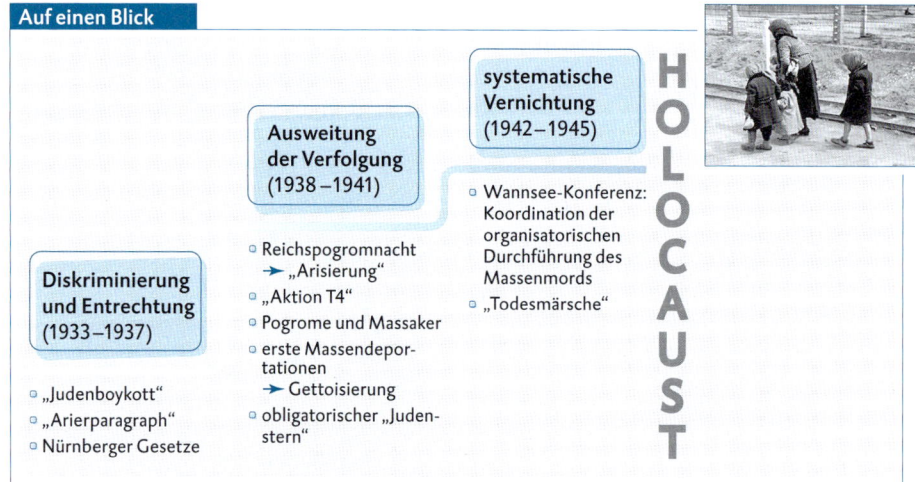

Auf einen Blick

Diskriminierung und Entrechtung (1933–1937)

Ausweitung der Verfolgung (1938–1941)

systematische Vernichtung (1942–1945)

- „Judenboykott"
- „Arierparagraph"
- Nürnberger Gesetze

- Reichspogromnacht
  → „Arisierung"
- „Aktion T4"
- Pogrome und Massaker
- erste Massendeportationen
  → Gettoisierung
- obligatorischer „Judenstern"

- Wannsee-Konferenz: Koordination der organisatorischen Durchführung des Massenmords
- „Todesmärsche"

HOLOCAUST

Diskriminierung und Entrechtung (1933–1937)

- **Rassismus und Antisemitismus als Grundlage** für die Unterdrückung und Vernichtung als „minderwertig" angesehener Bevölkerungsgruppen (Juden, Sinti und Roma, Behinderte, Homosexuelle) → **Isolierung und Diffamierung** der unerwünschten Personengruppen
- 1. April 1933: reichsweiter **Boykott** jüdischer Geschäfte
- 7. April 1933: „Gesetz zur **Wiederherstellung des Berufsbeamtentums**" mit „**Arierparagraph**": Ausschluss von missliebigen Personen (Oppositionelle, „Nichtarier") aus dem Beamtentum → ähnliche Bestimmungen für andere Berufsgruppen, z. B. Ärzte oder Rechtsanwälte
- Juni 1933: Anordnung Görings, Gewaltakte und Morde an Juden nicht mehr zu bestrafen → **fehlender Rechtsschutz** für Juden
- 14. Juli 1933/1. Januar 1934: „Gesetz zur Verhütung erbkranken Nachwuchses" → **Zwangssterilisationen** von Juden, Sinti und Roma sowie Erbkranken
- 10. September 1935: **Nürnberger Gesetze** → „Legalisierung" des Ausschlusses der Juden (in Zusatzverordnungen auch der Sinti und Roma) aus der Gesellschaft
  – „**Reichsbürgergesetz**": Einteilung der Gesellschaft in „Reichsbürger" mit vollen Rechten und „Staatsangehörige" (alle Personen mit mindestens einem jüdischen Elternteil) mit verminderten Rechten
  – „**Gesetz zum Schutze des deutschen Blutes und der deutschen Ehre**": Verbot von „Mischehen" und außerehelichem Geschlechtsverkehr zwischen Juden und Nichtjuden sowie Verbot der Beschäftigung von „Arierinnen" unter 45 Jahren in jüdischen Haushalten
- **Verleumdungs- und Diffamierungskampagnen** im großen Stil in Presseorganen der Partei → trotzdem **relativ geringe Zahl an jüdischen Auswanderern** wegen Hoffnung auf Besserung der Lage oder starker Verwurzelung in deutscher Kultur
- Entzug der wirtschaftlichen Grundlagen und Verdrängung der Juden aus dem öffentlichen Leben durch zahlreiche weiterführende Maßnahmen und Gesetze, z. B. **Ausgangsverbote** oder **Besuchsverbot für öffentliche Einrichtungen** wie Theater, Kinos, Schwimmbäder oder Cafés

Ausweitung der Verfolgung (1938–1941)

- **Reichspogromnacht** („Reichskristallnacht") am 9./10. November 1938: nach Attentat eines Juden auf deutschen Diplomaten in Paris organisierte Zerstörung von Synagogen sowie von jüdischen Geschäfts- und Wohnhäusern; **Misshandlungen** von Juden, über 26 000 **Verhaftungen** und fast 100 **Ermordungen** → Schließung sämtlicher jüdischer Geschäfte und „**Arisierung**" jüdischen Besitzes, Zwang der Juden zur Zahlung von einer Milliarde Reichsmark als „Sühneleistung" für entstandene Schäden → **Ausgrenzung der Juden aus dem Wirtschaftsleben** = Ruin für viele Familien
- ab Januar 1940: Beginn mit systematischen Massentötungen in der „**Aktion T4**" = Ermordung von Menschen mit geistiger oder körperlicher Behinderung als „lebensunwertes Leben" in speziellen Tötungsanstalten („Euthanasie") mit ca. 200 000 Opfern → August 1941: offizielle Einstellung des „Euthanasie"-Programms (vielleicht aufgrund von Protesten einiger Bischöfe und Angehörigen), aber Fortsetzung im Geheimen
- seit Beginn des Zweiten Weltkriegs: zahlreiche **Pogrome** (gewalttätige Ausschreitungen) und **Massaker** (Massenerschießungen) in Polen durch SS, Polizeieinheiten und Wehrmacht
- unterschiedlicher **Umgang mit Bevölkerung in eroberten Ländern:**
  – **West- und Nordeuropa:** Einbindung der „germanischen" Bevölkerung in NS-Herrschaft, z. B. Zusammenarbeit mit einheimischen Kollaborateuren in Frankreich („**Vichy-Regime**")
  – **Osteuropa:** gnadenlose **Unterwerfung, Ausbeutung und Vernichtung** der als „minderwertig" betrachteten Zivilbevölkerung
- ab Mai 1940: massenhafte **Deportationen von Sinti und Roma** in besetztes Polen
- ab Juni 1941: **Massenerschießungen** (vereinzelt schon seit Beginn des Kriegs) und Tötungen von Juden, Sinti und Roma, Kriegsgefangenen und Kommunisten in besetzten Gebieten der Sowjetunion durch Autoabgase in LKWs (durchgeführt von „**Einsatzgruppen**")
- September 1941: öffentliche Stigmatisierung der Juden durch Zwang zum Tragen des „**Judensterns**" und erstmaliger Einsatz des Giftgases **Zyklon B** in Auschwitz
- ab Oktober 1941: **Massendeportationen** deutscher Juden sowie von Juden aus besetzten Gebieten nach Polen → **Gettoisierung**, z. B. in Warschau oder Lodz, oder sofortiger Transport in Konzentrations- und Vernichtungslager
- November 1941: **Auswanderungsverbot** für Juden, die damit letzte Chance verlieren, der Ermordung zu entkommen → endgültige **Aufgabe des „Madagaskarplans"** von 1940 (Deportation europäischer Juden nach Madagaskar) sowie anderer „Umsiedlungspläne"

Systematische Vernichtung (1942–1945)

- 20. Januar 1942: **Wannsee-Konferenz** unter Leitung des SD-Chefs Reinhard Heydrich zur Koordination der „**Endlösung der Judenfrage**" = systematische und industriell betriebene Vernichtung der Juden mit Gas, aber auch durch harte und gefährliche Zwangsarbeit („**Vernichtung durch Arbeit**"), Folter, medizinische Experimente und unmenschliche Lebensbedingungen in Vernichtungslagern **Auschwitz**, Belzec, Chelmno, Majdanek, Sobibor oder Treblinka (Vollzug der Vernichtung außerhalb Deutschlands, um Völkermord möglichst geheimzuhalten)
- April 1943: bewaffneter **Aufstand im Warschauer Getto** → brutale Niederschlagung und Vernichtung aller Beteiligten durch die SS
- ab 1944: Räumung der Lager im Osten wegen vorrückender Ostfront → „**Todesmärsche**"
- 27. Januar 1945: **Befreiung des KZs Auschwitz** durch sowjetische Truppen als Ende des Massenmords an ca. sechs Millionen Juden („**Holocaust**", in jüdischer Tradition „**Shoa**")

Auf einen Blick

> **außenpolitische Ziele:** Eroberung von „Lebensraum" im Osten und Herrschaft der „arischen Rasse"

revisionistische Phase (1933–1936)	expansionistische Phase (1937–1939)

→ Doppelstrategie

→ Weg in den Zweiten Weltkrieg

Friedensbeteuerungen
- Konkordat mit dem Vatikan
- Nichtangriffspakt mit Polen

Revision des Versailler Vertrags
- „Rückführung" des Saarlands
- Einführung der allgemeinen Wehrpflicht
- Einmarsch der Wehrmacht ins entmilitarisierte Rheinland

Expansion des „Dritten Reichs"
- „Anschluss" Österreichs und des Sudetenlands
- Zerschlagung der „Rest-Tschechei"

Reaktionen der Westmächte
- Appeasement-Politik
- Ende der Appeasement-Politik

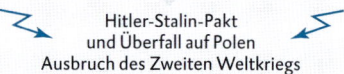

Hitler-Stalin-Pakt und Überfall auf Polen
Ausbruch des Zweiten Weltkriegs

Hitlers außenpolitische Vorstellungen

- **Ziele:** Eroberung von „Lebensraum" im Osten und Herrschaft der „arischen Rasse"
- **geplantes Vorgehen:** Annexion der Nachbarstaaten, Zerschlagung der Sowjetunion und Ausrottung des „jüdischen Bolschewismus", Bündnis mit Japan und eventuell Großbritannien zur Vollendung der Weltherrschaft im Kampf gegen die USA
- Verfolgen einer **Doppelstrategie:** einerseits gezielte **Vertragsbrüche**, andererseits **Friedensbeteuerungen**, um das eigene Volk und Nachbarstaaten in Sicherheit zu wiegen und Zeit für Aufrüstung zu gewinnen (im Hintergrund von Anfang an **Kriegsvorbereitungen**)

Revisionistische Phase (1933–1936)

- = **Aufhebung der Beschränkungen des Versailler Vertrags** (in Teilen Fortführung der Außenpolitik der Weimarer Republik), die Hitler mit Wunsch nach internationaler Gleichberechtigung rechtfertigt → Appeasement-Politik des westlichen Auslands zur Deeskalation aufgrund eigener innen- und wirtschaftspolitischer Schwierigkeiten
- 20. Juli 1933: **Konkordat** mit dem Vatikan → Prestigegewinn
- 14. Oktober 1933: **Austritt Deutschlands aus dem Völkerbund** als Demonstration der Stärke = Beginn der Revisionspolitik
- 26. Januar 1934: **Nichtangriffspakt mit Polen** → Demonstration des vorgeblichen eigenen Friedenswillens und Sicherheit vor polnischem Präventivschlag

- 1. März 1935: **„Rückführung" des Saarlands nach Volksabstimmung** gemäß dem Versailler Vertrag (große Mehrheit für „Rückkehr" ins Deutsche Reich) → innen- und außenpolitischer Prestigegewinn
- 16. März 1935: Einführung der **allgemeinen Wehrpflicht** entgegen den Bestimmungen des Versailler Vertrags, aber mit breiter Zustimmung im Volk → internationale Anerkennung durch **Flottenabkommen mit England** im Juni 1935: deutsche Kriegsmarine darf 35 % der englischen Stärke besitzen
- 7. März 1936: **Einmarsch der Wehrmacht ins entmilitarisierte Rheinland** entgegen der Bestimmungen des Versailler Vertrags und des Vertrags von Locarno, aber **keine Gegenwehr der Westmächte** abgesehen von verbaler Kritik und Verurteilung vor dem Völkerbund → enormer Prestigegewinn für Hitler und Bestärkung zu künftiger Expansionspolitik
- neue Bündniskonstellationen:
  - **„Achse Berlin-Rom"** (25. Oktober 1936): Bündnis zwischen Hitler und Mussolini → Machtverschiebung in Europa zugunsten der faschistischen Staaten
  - **Antikominternpakt** (25. November 1936): Bündnis mit Japan zur Bekämpfung des Kommunismus (1937 Beitritt Italiens) → zunehmende Aggressivität Deutschlands
  - 1936–1939: Unterstützung des faschistischen Generals Franco im **Spanischen Bürgerkrieg**

Expansionistische Phase (1937–1939)

- = ideologisch geprägte **Radikalisierung der deutschen Außenpolitik** und Streben nach **Expansion** mithilfe eines Kriegs
- 1937 als Wendejahr: **„Hoßbach-Protokoll"** → Hitler nennt vor Spitzen der Wehrmacht und des Auswärtigen Amts Krieg als Mittel zur Gewinnung von „Lebensraum im Osten"
- März 1938: Forderung Hitlers an österreichischen Bundeskanzler Schuschnigg, Nationalsozialisten in Regierung aufzunehmen → Nachgeben Schuschniggs im **„Berchtesgadener Abkommen"**, aber Einleitung einer Volksabstimmung über Österreichs Unabhängigkeit → Forderung Hitlers, Schuschnigg durch NS-Führer Seyß-Inquart zu ersetzen → trotz Nachgeben Schuschniggs Einmarsch deutscher Truppen in Österreich (**„Anschluss" Österreichs**)
- **Sudetenkrise** 1938: Forderung Hitlers nach Selbstbestimmungsrecht der deutschen Minderheit im Sudetenland und Drohung mit Einmarsch in die Tschechoslowakei → **„Münchner Abkommen"** vom 30. September 1938: Frankreich, Großbritannien und Italien beschließen ohne Mitsprache der Tschechoslowakei Abtretung des Sudetenlands an Deutschland, um Lage zu stabilisieren und Krieg zu verhindern (Höhepunkt der **Appeasement-Politik**)
- 15. März 1939: Bruch des „Münchner Abkommens" durch Einmarsch deutscher Truppen in Prag (Ausnutzung von Interessengegensätzen zwischen Tschechen und Slowaken sowie Drohung mit Bombardierung Prags) → **„Zerschlagung der Rest-Tschechei"** und Errichtung des **„Protektorats Böhmen und Mähren"** → **Aufgabe der Appeasement-Politik** und Aussprache einer Sicherheitsgarantie für Polen durch Frankreich und Großbritannien
- April 1939: **Kündigung des deutsch-polnischen Nichtangriffsvertrags** durch Hitler unter einem Vorwand (Weigerung Polens, Antikominternpakt beizutreten)
- Mai 1939: Abschluss des **Stahlpakts** mit Italien
- 23. August 1939: **Hitler-Stalin-Pakt** mit geheimem Zusatzprotokoll (Verständigung über die Aufteilung Polens)
- 1. September 1939: Beginn des Zweiten Weltkriegs mit **deutschem Überfall auf Polen** nach fingierten Grenzzwischenfällen

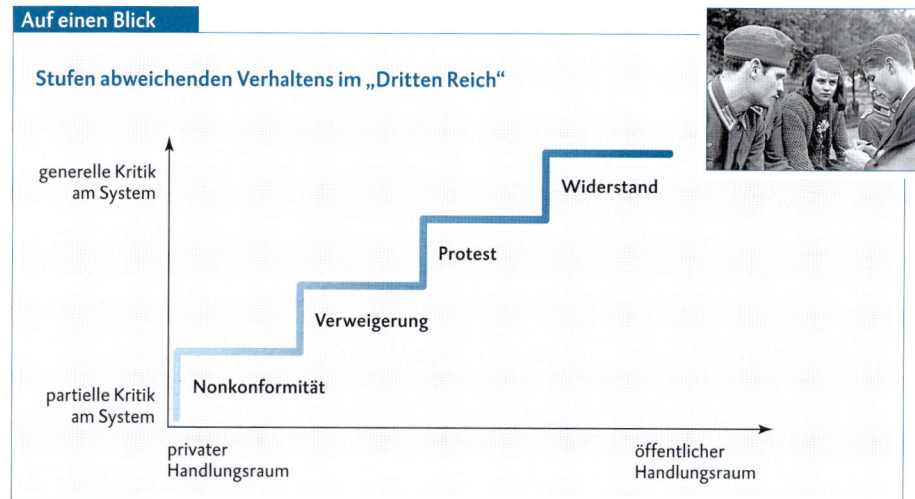

Auf einen Blick

Stufen abweichenden Verhaltens im „Dritten Reich"

generelle Kritik
am System

Widerstand

Protest

Verweigerung

Nonkonformität

partielle Kritik
am System

privater
Handlungsraum

öffentlicher
Handlungsraum

Widerstandsbegriff

- **Begriff ist nicht eindeutig**, sondern umfasst **unterschiedliche Formen der Gegnerschaft** zum Nationalsozialismus
- **Stufenmodell nach Peukert** (siehe Schaubild)
- **Widerstand im engeren Sinn:** organisierte Aktionen zum Sturz des NS-Regimes oder zumindest zu dessen Bekämpfung, die mit großen Gefahren für das eigene Leben verbunden sind → relativ kleiner Kreis von wirklichen Widerstandskämpfern in Deutschland
- **Widerstand im weiteren Sinn („Opposition"):** alle grundsätzlichen Haltungen, die von geforderten NS-Normen abweichen und sich gegen totalen Herrschaftsanspruch des Nationalsozialismus wenden, ohne das System insgesamt infrage zu stellen
  → **„Dissens", „Verweigerung" oder „weltanschauliche Dissidenz":** passive persönliche Gefühle der Gegnerschaft, die nicht unbedingt in Aktionen münden, sich aber in spontanen Formen der Kritik an Einzelaspekten des Nationalsozialismus äußern können → weite Verbreitung in der Gesellschaft
- **Gegenhaltungen** zu Widerstand: **„Konsens", „Zustimmung" und „Kollaboration"**

Unterstützung und Anpassung

- nationalsozialistische Diktatur von Mehrheitsgesellschaft getragen (**„populäre Zustimmungsdiktatur"** nach Götz Aly)
- März 1933: Erlass der **„Heimtücke-Verordnung"** (Bestrafung jeglicher Kritik an NS-Staat oder NS-Politik mit Gefängnis) → Verstummen kritischer Stimmen und weitgehende **Anpassung** an die neue Situation **aus Furcht vor Repressionen**
- 1933–1939: **wachsende Zustimmung** in der Bevölkerung → **Gründe:**
  – **wirtschaftlicher Aufschwung** und Gewährleistung von Ordnung und Stabilität
  – Vorteile durch Entrechtung der jüdischen Bevölkerung (**„Arisierung"**)
  – außenpolitische Erfolge Hitlers: **Revision des Versailler Vertrags**

- weite Verbreitung eines **latenten Antisemitismus** → stillschweigende Akzeptanz der Juden-verfolgung, auch wenn Ausschreitungen teilweise auf Missbilligung stoßen
- nach Wehler: **übersteigerter Nationalismus** mit Wurzeln im 19. Jahrhundert (Auserwählt-heitsglaube, Glorifizierung der Vergangenheit, Überzeugung von welthistorischer Bedeutung Deutschlands → Glaube an **charismatische Führerpersönlichkeit Hitlers**)
- nach Götz Aly: Versprechen eines egalitären „Volksstaats" („**Wohlfühl-Diktatur**") als Grund für Zustimmung, danach Radikalisierung und aggressive Eigendynamik des Nationalsozialismus → **Bereicherung der gesamten Bevölkerung an Judenvernichtung**

- **Kriegsausbruch** 1939 und **Kriegswende** 1941/42: **Zäsuren in der Popularität des Regi-mes**, aber dennoch kaum Widerstand im engeren Sinn gegen NS-Herrschaft wegen eklatanter Verschärfung der Gesetze gegen Kritiker (Bezeichnung von Widerstand als „Wehrkraftzerset-zung", „Hochverrat")
- Erklärungsversuche für **aktive Unterstützung und Beteiligung an NS-Verbrechen:**
  - Holocaust als bürokratische Vernichtungsmaschinerie mit großer Anzahl von **Schreibtischtä-tern** → Behauptung, nur **Befehlsempfänger** gewesen zu sein und seine Arbeit ohne Wissen von dem großen Ganzen getan zu haben
  - Heranziehen sozialpsychologischer Erklärungsmuster, z. B. **Umwertung von Werten** auf-grund von **Gruppendruck**

Motive für Widerstand

- **moralische Bedenken:** Glaube an ethische Grundnormen als Widerspruch zur NS-Ideologie → Widerstand von christlicher Seite
- Ablehnung von Hitlers nationalistischem und imperialistischem Konzept, das im **Widerspruch zu Sozialismus**, Klassenkampf und Weltrevolution steht → Widerstand von Kommunisten und Sozialdemokraten im Untergrund (zahlenmäßig größte Widerstandsgruppe)
- **Missachtung von Grund- und Menschenrechten** sowie demokratischen Prinzipien durch NS-Führung → Widerstand von liberaler Seite
- **Missbrauch traditioneller Werte** wie Ehre, Deutschtum und Vaterland durch das NS-Regime → Widerstand von Konservativen
- **drohende Kriegsniederlage** → Widerstand von militärischer Seite

Formen des Widerstands (Beispiele)

- meist **Einzelaktionen ohne Verbindungen der Widerstandsgruppen untereinander** auf-grund des hohen Risikos von Verrat sowie unterschiedlicher Motive der Oppositionellen
- **nonkonformes Freizeitverhalten**, z. B. Tragen unerwünschter Kleider, Hören von „undeut-scher" Musik (z. B. „Edelweißpiraten", „Swing-Jugend")
- **„stiller Widerstand"**, z. B. Unterstützung jüdischer Nachbarn oder Verstecken von Verfolgten
- **„innere Emigration"** mit zivilem Ungehorsam und gesellschaftlicher Verweigerung
- Verteilung von **Flugblättern** oder Schreiben von **Parolen** an Hauswände, z. B. „Weiße Rose"
- Abhören **ausländischer Radiosender** oder Verbreitung **regimekritischer Nachrichten**
- **Sabotageakte** in Rüstungsbetrieben
- **Protest** gegen Aktionen und Maßnahmen des Regimes, z. B. Demonstration „arischer" Frauen für ihre verhafteten jüdischen Ehemänner vor provisorischem Gefängnis in Berliner Rosenstraße
- **Attentate auf Hitler** von Einzelpersonen (z. B. Georg Elser) oder Verschwörergruppen (z. B. Gruppe von Militärs um Stauffenberg)

Auf einen Blick

kirchlicher Widerstand

- kein Widerstand der Amtskirchen
- Widerstand einzelner Katholiken, z. B. gegen „Euthanasie"
- Widerstand von protestantischer Seite, z. B. „Bekennende Kirche"

Jugendopposition und studentischer Widerstand

- „Edelweißpiraten"
- „Swing-Jugend"
- „Weiße Rose"

militärischer Widerstand

- moralisches Dilemma wegen Vereidigung auf Hitler
- 1938/39: gescheiterte Umsturzversuche
- 20. Juli 1944: gescheitertes Sprengstoff-Attentat Stauffenbergs

Kirchlicher Widerstand

- kein politischer Widerstand der Amtskirchen als Ganzes: „Gleichschaltung" der evangelischen Kirche mithilfe der **„Glaubensbewegung Deutscher Christen"** und politisches Ruhigstellen der katholischen Kirche durch das **Konkordat mit dem Vatikan** (20. Juli 1933)
- **Widerstand einzelner Katholiken:**
  - 1937: päpstliches **Rundschreiben „Mit brennender Sorge" von Papst Pius XI.** gegen NS-Ideologie
  - 1941: öffentliche Verurteilung der Tötung Kranker und Behinderter durch **Graf von Galen (Bischof von Münster)** → eventuell ein Grund für offizielle Einstellung des „Euthanasie"-Programms
  - **Anklagen der Judenverfolgung** und des Nationalsozialismus **durch einzelne Geistliche** (Berliner Dompropst Lichtenberg, Pater Rupert Mayer aus München, Priester Max Josef Metzger), aber kein öffentlicher Protest der Amtskirche gegen Judenverfolgung
  - Beteiligung der Jesuitenpater **Alfred Delp und Augustin Rösch** an Widerstandsgruppe des **Kreisauer Kreises** und Mitarbeit an **Entwurf einer christlichen Sozialordnung** für besseres Deutschland → Verhaftung 1944 und Hinrichtung Delps 1945
- **Widerstand von protestantischer Seite:**
  - 1933: Zusammenschluss von einem Drittel der evangelischen Pfarrer im **„Pfarrernotbund"** → Ablehnung von Zusammenarbeit mit dem NS-Regime (Initiator **Martin Niemöller:** Verhaftung und Konzentrationslager bis 1945)
  - 1934: Hervorgehen der **„Bekennenden Kirche"** aus „Pfarrernotbund" mit Bekenntnis zu Grundsätzen der Bibel und Verwerfen von „Irrlehren" der „Deutschen Christen" (**„Barmer Theologische Erklärung"** gegen Totalitätsanspruch des NS-Staats) → Erfolg: Wiedereinsetzung von vorher aus dem Amt enthobenen Bischöfen, aber kein aktiver politischer Widerstand von „Bekennender Kirche"
  - politisches Engagement **einzelner protestantischer Christen** gegen NS-Regime, z. B. Theologe **Dietrich Bonhoeffer** (Kontakt zum Goerdeler-Kreis, Hinrichtung 1945 im KZ Flossenbürg)

Jugendopposition und studentischer Widerstand

- **Jugendopposition:** Flucht vor totalitärem Erziehungsanspruch des NS-Regimes durch Gründung oppositioneller Gruppen, ohne damit politisches Konzept zu verfolgen („**Nonkonformität**", „**Verweigerung**") → dennoch Zerschlagung der Gruppen durch die Gestapo und über-
  zeugte Anhänger der Hitlerjugend; Verhaftungen und Hinrichtungen
- **„Edelweißpiraten":**
  - **soziale Herkunft:** Arbeitermilieu, v. a. im Rhein-Ruhr-Gebiet
  - **Motive:** Ablehnung des Zwangscharakters, des Drills und der Militarisierung der Hitlerjugend;
    Schaffung eines Freiraums sowie einer eigenen Jugendkultur und Identität
  - **Widerstandshandlungen:** Tragen einer eigenen Kluft; Treffen und Fahrten außerhalb der HJ
- **„Swing-Jugend":**
  - **soziale Herkunft:** Mittelstand, gehobenes Bürgertum, v. a. in Hamburg
  - **Motive:** Schaffung eines autonomen Lebensbereichs; Etablierung einer Gegenkultur zur Hit-
    lerjugend; Abgrenzung vom normierten Alltag des NS-Systems
  - **Widerstandshandlungen:** Pflegen eines amerikanisierten Lebensstils; Verwendung von
    Anglizismen; Hören von Swingmusik; Orientierung an amerikanischer und englischer Mode
- **„Weiße Rose"** um Hans und Sophie Scholl, Alexander Schmorell, Willi Graf und Christoph
  Probst an der Universität München als bekannteste studentische Widerstandsgruppe:
  - **soziale Herkunft:** konservativ-bürgerliches Milieu
  - **Motive:** Widerspruch der NS-Ideologie zu christlichen Werten; persönliche Überzeugungen
    und negative Erfahrungen mit NS-Regime; politisch motivierte Überzeugung, gegen verbre-
    cherisches System Widerstand leisten zu müssen
  - **Widerstandshandlungen:** Verteilen von Flugblättern (zunächst Aufruf zum passiven Wider-
    stand, später auch zum Sturz des Regimes) → Denunziation, Verhaftung und Hinrichtung 1943

Militärischer Widerstand

- **Reichswehr** als eine der Stützen des NS-Regimes, u. a. wegen Karriere- und Einflussmöglichkei-
  ten durch Aufrüstungspolitik; Erschweren von militärischem Widerstand durch **moralisches
  Dilemma: Vereidigung der Soldaten auf Hitler** → Rebellion gegen das Staatsoberhaupt als
  Widerspruch zu Ehrauffassung und Pflichtgefühl eines Offiziers
- 1937: erste **Opposition von hohen Militärs** bei Bekanntwerden des Ausmaßes von Hitlers
  Kriegsplänen → **Entlassung des Kriegsministers von Blomberg und Generals von Fritsch**
  → Unterstellung der Wehrmacht unter Hitlers Oberbefehl
- 1938/1939: **Scheitern verschiedener Umsturzversuche** der verbliebenen militärischen
  Opposition, die Ausbruch bzw. Ausweitung des Kriegs verhindern will (Gründe für Scheitern:
  Appeasement-Politik der Westmächte und militärische Erfolge der ersten Kriegsjahre)
- 1942: Erschütterung des Ansehens Hitlers bei der Bevölkerung nach **Kriegswende** → Bereitschaft mehrerer Offiziere zum Attentat auf Hitler (u. a. Generaloberst Beck): **Tyrannenmord,**
  um Verbrechen des NS-Regimes zu beenden, aber keine Ausführung der geplanten Anschläge
- 1944: Bereitschaft des Oberst **Claus Schenk Graf von Stauffenberg**, **Sprengstoff-Attentat**
  auf Hitler durchzuführen → Vorbereitung des Anschlags und des zeitgleichen politischen
  Umsturzes („**Operation Walküre**") → **Bombenanschlag** am 20. Juli 1944 im Führerhaupt-
  quartier „Wolfsschanze", aber Überleben Hitlers → **Zusammenbrechen des Umsturzver-
  suchs** → Verhaftung und sofortige Erschießung oder Verurteilung und Hinrichtung der neu
  zusammengestellten Regierung und anderer Beteiligter in aufwendigen Schauprozessen

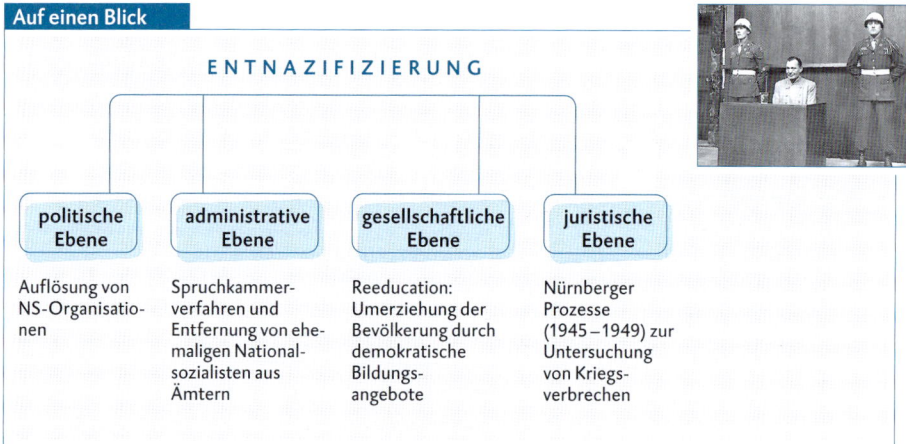

Auf einen Blick

ENTNAZIFIZIERUNG

politische Ebene	administrative Ebene	gesellschaftliche Ebene	juristische Ebene
Auflösung von NS-Organisationen	Spruchkammerverfahren und Entfernung von ehemaligen Nationalsozialisten aus Ämtern	Reeducation: Umerziehung der Bevölkerung durch demokratische Bildungsangebote	Nürnberger Prozesse (1945–1949) zur Untersuchung von Kriegsverbrechen

Voraussetzungen und Rahmenbedingungen

- **Konferenz von Jalta** (Februar 1945): Beschluss zur Entnazifizierung und zur juristischen Aufarbeitung der begangenen Verbrechen
- 7. /8. Mai 1945: bedingungslose Kapitulation Deutschlands → **Aufteilung Deutschlands in vier Besatzungszonen** (USA, Frankreich, Großbritannien und Sowjetunion) → Verantwortung der Alliierten für **Auseinandersetzung mit der NS-Vergangenheit**
- Bevölkerungsmehrheit von nationalsozialistischem Gedankengut geprägt → **geringe Verbreitung demokratischer Denkweisen**
- **Verweigerungshaltung** bei der deutschen Bevölkerung, sich mit persönlicher Schuld und Verantwortung auseinanderzusetzen → Anstoß zur Aufarbeitung durch Alliierte

Entnazifizierung

- **Potsdamer Konferenz** (Juli/August 1945): Beschluss zu politischer „Säuberung" der deutschen Gesellschaft durch **geistige Überwindung des NS-Systems** (**Entnazifizierung**) → uneinheitliche Umsetzung in den verschiedenen Besatzungszonen aufgrund von ideologischen Gegensätzen bzw. unterschiedlichen Zielvorstellungen, z. B. Freisprüche für NS-Funktionsträger, die für Wiederaufbau gebraucht werden
- 12. Januar 1946: Beschluss gemeinsamer **Grundsätze für Entnazifizierung**, z. B. **Entfernung von ehemaligen Nationalsozialisten aus Ämtern** und verantwortlichen Stellungen sowie Einteilung der Belasteten mithilfe eines **Fragebogens in fünf Kategorien:** Hauptschuldige (Kriegsverbrecher), Belastete, Minderbelastete, Mitläufer, Entlastete
  → **sowjetische Besatzungszone (SBZ):** insgesamt umfassende Entnazifizierung, die zur Beseitigung von tatsächlichen oder vermeintlichen Gegnern der neuen Ordnung genutzt wird
  → **amerikanische Besatzungszone: Spruchkammerverfahren** mit unbelasteten Laienrichtern zur systematischen Überprüfung aller erwachsenen Deutschen auf ihre Beteiligung am NS-System und an NS-Verbrechen → Umkehr der Beweislast: Aufgabe des Beschuldigten, Beweise für seine Unschuld vorzubringen → heftige Proteste und vielfach Ausstellung zweifelhafter Entlastungsschreiben (**„Persilscheine"**)

→ **Kritik an Spruchkammerverfahren:** gründliche Verfolgung eher geringer Belasteter, dagegen Nachlässigkeit bei wirklich Schuldigen

→ vor allem in Westzonen **Vorrang von wirtschaftlicher und bürokratischer Effizienz** vor konsequenter Entnazifizierung, um Besatzungskosten zu senken → Ausschluss bestimmter Bevölkerungsgruppen von Säuberungsmaßnahmen

→ **Einstellung der Entnazifizierung** mit Beginn des Kalten Kriegs (um 1949)

Umerziehung

- **politische Umerziehung** der Deutschen zu Demokratie und Rechtsstaatlichkeit in den Westzonen (**Reeducation**):
  - **Konfrontation der Bevölkerung mit dem Holocaust** (z. B. durch Filmaufnahmen aus Konzentrationslagern oder Foto-Schautafeln), um über NS-Verbrechen aufzuklären
  - Schaffung von Möglichkeiten zur **Teilnahme am internationalen Kulturleben**, z. B. Theateraufführungen von vorher verbotenen Stücken oder Öffnung von Bibliotheken und Filmvorführungen in **Amerika-Häusern** (amerikanische Zone)
  - **Umgestaltung von Lehrplänen** und des Erziehungswesens
  - Förderung von Austauschprogrammen mit den USA für Schüler, Studenten und Lehrer sowie von Schülermitverwaltungen, Schülerzeitungen und Bürgerforen zur **Demokratieerziehung**
  - **Lizenzierung neuer Zeitungen** (z. B. Süddeutsche Zeitung, Frankfurter Rundschau, Die Zeit, FAZ) in den Westzonen zur Überwachung und Einübung von demokratischem Journalismus mit Ausrichtung an Meinungsvielfalt und objektiver Berichterstattung
  - Einführung von staatsunabhängigen **öffentlich-rechtlichen Rundfunkanstalten** nach dem Vorbild der BBC
- **Umerziehung in SBZ** mit dem vorrangigen Ziel, **Kenntnisse über Sowjetunion** zu verbreiten

Nürnberger Prozesse (1945–1949)

- Londoner Statut vom 8. August 1945 als Grundlage für Nürnberger Prozesse: Beschluss zur Einrichtung eines **Internationalen Militärgerichtshofs** zur Untersuchung von Kriegsverbrechen
  → vier Anklagepunkte:
  - **Verschwörung gegen den Frieden:** Vorbereitung eines Angriffskriegs
  - **Verbrechen gegen den Frieden:** Führen eines Angriffskriegs
  - **Kriegsverbrechen:** Tötung und Misshandlung von Kriegsgefangenen, Hinrichtung von Geiseln, Misshandlung der Zivilbevölkerung, Verschleppung zur Zwangsarbeit
  - **Verbrechen gegen die Menschlichkeit:** Völkermord
- **bewusste Wahl Nürnbergs** (Stadt der Reichsparteitage und Rassegesetze) als Verhandlungsort
- Zusammensetzung der Nürnberger Prozesse aus **Hauptkriegsverbrecherprozess** (20. November 1945 bis 1. Oktober 1946) und **zwölf Nachfolgeprozessen** gegen Ärzte, Industrielle, Juristen, Diplomaten sowie hohe SS- und Wehrmachtsoffiziere (bis 1949)
- **Ergebnisse des Hauptprozesses:** zwölf Todesurteile; sieben lange Haftstrafen; drei Freisprüche; Erklärung von NSDAP, SS, Gestapo und SD zu verbrecherischen Einrichtungen
- Ablehnung durch viele Deutsche als **Siegerjustiz**, ABER: Nürnberger Prozesse als wichtiger Schritt zur **Aufdeckung der Geschichte des NS-Regimes** → Beschönigung nach Zusammentragen von Beweisdokumenten und Zeugenaussagen unmöglich → **Verantwortung des Einzelnen** für seine Taten ↔ **Entlastung für viele Deutsche**, die sich durch Verurteilung der NS-Funktionseliten von Frage nach persönlicher Mitverantwortung entbunden fühlen

Auf einen Blick

Bundesrepublik

| Verschweigen und Verdrängen der NS-Vergangenheit ➔ Wiederein-gliederung der NS-Funktionseliten | Eichmann-Prozess (1961) und Frankfurter Auschwitz-Prozesse (1963–1965) ➔ Holocaust als öffentliches Thema | verstärkte Ausei-nandersetzung mit NS-Vergangenheit, u. a. in öffentlichen Debatten |

- Holocaust als moralischer Imperativ
- Wehrmachts-ausstellung 1995

| 1950 | 1960 | 1970 | 1980 | 1990 |

- Universalisierung, Individualisierung und Pluralisierung der Holocaust-Erinnerung

- Antifaschismus-Konzept ➔ Ablehnung von jeglicher Verantwortung
- Propaganda gegen Besetzen von Funktionsstellen in der Bundesrepublik mit ehemaligen Nationalsozialisten
- ritualisiertes Gedenken an kommunistischen Widerstand ➔ keine Auseinandersetzung mit Holocaust

DDR

1950er-Jahre

- Rehabilitation und **Wiedereingliederung** eines Großteils der **NS-Funktionseliten** in die demokratische Gesellschaft → **Gründe:**
  - Wunsch nach **Beendigung der „Siegerjustiz"** („Schlussstrich"-Mentalität)
  - Entschärfung eines möglichen Unruhepotenzials durch Erreichen von **Loyalität**
  - **Nutzen** von Expertenwissen **für den Wiederaufbau**
  - **Antikommunismus** als Integrationsideologie
  - → umfassendes Verschweigen und **Verdrängen der NS-Verbrechen** („Verschweigensge-meinschaft") und Ausblendung des Holocaust im gesellschaftlichen Diskurs
  - → **Amnestiebewegung:** Bemühungen zur Befreiung von inhaftierten Kriegsverbrechern
- **Artikel 131 GG** und Ausführungsgesetze: Wiederaufnahme von als belastet eingestuften Per-sonen in den Staatsdienst mit allen Versorgungsansprüchen → Beispiele:
  - Übernahme von **Mitgliedern des NS-Terrorapparats** in den Staatsdienst
  - Weiterbeschäftigung von **Universitätsangehörigen und Ärzten**
  - vollständige Rehabilitierung hoher Militärs der Wehrmacht → Legende von der **„sauberen Wehrmacht"**
  - Fortsetzung der Karrieren fast aller **NS-Juristen** → späte juristische Verfolgung von NS-Ver-brechen in der Bundesrepublik
  - → **Bewertung:** Integration der Täter, Belasteten und Mitläufer in die Bundesrepublik als **große politische Leistung** → Gewährleistung von bürokratischer und wirtschaftlicher **Effizienz und politischer Stabilität** auf Kosten einer Aufarbeitung der Vergangenheit
- **„Wiedergutmachungspolitik":** Verpflichtung zur Leistung von Entschädigungszahlungen an den 1948 gegründeten Staat Israel sowie an jüdische NS-Opfer und andere NS-Verfolgte
- **antisemitische Vorfälle** in der Bundesrepublik als Auslöser für Aufarbeitung der NS-Vergan-genheit → 1958: **Ulmer Einsatzgruppen-Prozess** → Rückkehr des Nationalsozialismus in öffentlichen Diskurs und Gründung der **Zentralstelle zur Aufklärung von NS-Verbrechen**
- **fragwürdiger Umgang der SED mit NS-Vergangenheit:**

- **Antifaschismus-Konzept:** DDR kein Rechtsnachfolger des „Dritten Reichs", sondern Gegen-entwurf zu „Hitler-Faschismus" → Weigerung der DDR, Entschädigungszahlungen zu leisten (Zugeständnisse erst 1988 als Voraussetzung für USA-Besuch in der DDR)
- problemlose **Integration** ehemaliger Nationalsozialisten **bei Eintritt in die SED** oder Mitar-beit beim Ministerium für Staatssicherheit (MfS), aber Propaganda gegen Nationalsozialisten in hohen Positionen der Bundesrepublik
- Verschweigen des Hitler-Stalin-Pakts und des Holocaust

1960er-Jahre

- 1961: großes Interesse der Deutschen an **Eichmann-Prozess** in Jerusalem (Verurteilung des ehemaligen SS-Obersturmbannführers Adolf Eichmann zum Tod durch den Strang für millionen-fachen Mord an Juden) → **Veränderung der deutschen Vergangenheitsbetrachtung:** Holo-caust als öffentliches Thema
- 1963–1965: **Frankfurter Auschwitz-Prozesse** auf Initiative des Generalstaatsanwalts Fritz Bauer gegen SS-Folterer und SS-Offiziere → Entstehung wissenschaftlicher Gutachten über den Holocaust → Aufklärung der westdeutschen Gesellschaft über NS-Verbrechen
- 1966: Wahl des ehemaligen NSDAP-Mitglieds Kurt Georg Kiesinger zum Bundeskanzler → **Stu-dentenproteste mit Forderung nach Aufarbeitung der NS-Vergangenheit** der Elternge-neration
- in der **DDR** Selbstbefreiung von aller Verantwortung durch **Betonung des verlustreichen kommunistischen Widerstands** (Kampf gegen „Arbeiterklasse" und Sowjetunion angeblich Hauptelement des Nationalsozialismus) und der konsequenten Entnazifizierung

1970er- und 1980er-Jahre

- Januar 1979: Ausstrahlung der amerikanischen **TV-Serie „Holocaust"** als tiefer Einschnitt → Emotionalisierung und Individualisierung des Themas → **verstärkte Auseinandersetzung mit NS-Vergangenheit**
- 1980er-Jahre: Entfaltung eines differenzierten Bilds der NS-Vergangenheit in vielen **öffent-lichen Debatten** in der Bundesrepublik, z. B. **Historikerstreit** 1986/87 um die Einmaligkeit des Holocaust

1990er-Jahre bis heute

- 1995: Eröffnung der ersten **Wehrmachtsausstellung** in Hamburg → **Widerlegung der These einer „sauberen Wehrmacht"** → scharfe Kritik an der Ausstellung wegen immer noch bestehender Schwierigkeiten, sich mit eigener Schuld und Verantwortung auseinanderzusetzen
- **Holocaust als „moralischer Imperativ"** (Mahnung zu Verantwortung sowie Aufforderung zu Demokratie und Toleranz): Entstehung zahlreicher **Gedenk- und Erinnerungsorte**, z. B. Denk-mal für die ermordeten Juden Europas in Berlin, Stolpersteine in verschiedenen Städten
- **Merkmale der gegenwärtigen Holocaust-Erinnerung:**
  - **Universalisierung:** Deutung des Holocaust als allgemein menschliche Katastrophe → 27. Ja-nuar als Internationaler Holocaust-Gedenktag: Ausdehnung der Erinnerung an den Holocaust auch auf nicht betroffene Nationen
  - **Individualisierung:** Erzählung der Geschichte des Holocaust anhand von Einzelschicksalen
  - **Pluralisierung:** Ausweitung auf verschiedene Opfergruppen (u. a. Sinti und Roma, Homose-xuelle) sowie Zunahme der Formen und Medien der Erinnerung

Auf einen Blick

Staatsbürgernation	vs.	Volks- bzw. Kulturnation

z. B. Nationsverständnis in Frankreich um 1789

- Territorialprinzip (politisch): einheitliches Staatsgebiet
- oft Ergebnis eines revolutionären Kampfs Unterdrückter gegen bestehende Obrigkeit
- Verfassung als zentrales Element: Gültigkeitsbereich der Verfassung als Definition für Grenzen des Nationalstaats
- freiwilliger Zusammenschluss der Mitglieder aufgrund gemeinsamer politischer Ziele

rationaler (vernunftbetonter) Zugang

z. B. Nationsverständnis in Deutschland im 19. Jahrhundert

- Abstammungsprinzip (ethnisch): gleiche Abstammung, gemeinsame Sprache, Kultur und Religion
- Streben nach möglichst großer Homogenität
- pathetische Aufwertung der eigenen Nation (Sakralisierung der Heimat)
  → Abgrenzung gegenüber anderen Nationen
- Zugehörigkeit durch Geburt bestimmt

emotionaler (gefühlsbetonter) Zugang

Begriff der „Nation"

- „Nation" als konstruierte, **gedachte Ordnung:** „Nation" **kein naturgegebenes Phänomen,** sondern Ergebnis komplizierter ethnischer, kultureller und mentaler Prozesse im Umfeld der Entstehung eines kollektiven Zusammengehörigkeitsgefühls
- erst seit Ende des 18. Jahrhunderts (Amerikanische und Französische Revolution) Vorstellung von der Schaffung eines **Nationalstaats**
- **Grundtypen der Bildung europäischer Nationalstaaten** nach Theodor Schieder:
  - Entstehung von modernen Nationen durch **innerstaatliche Revolutionen** → gleichbleibendes Staatsvolk, veränderte Staatsform, z. B. in Frankreich im 18. Jahrhundert
  - Gründung einer Nation durch **Vereinigung getrennter Staaten** unter Berufung auf gemeinsame Sprache und Kultur, z. B. Deutschland oder Italien im 19. Jahrhundert
  - Entstehung von eigenen Nationalstaaten durch **Separationsbestrebungen innerhalb von Vielvölkerstaaten**, z. B. Polen im Russischen Reich oder Griechenland im Osmanischen Reich

Nationalismus im Vormärz

- **Auslöser:** Widerstand gegen **napoleonische Fremdherrschaft** → Aufkommen der Idee von nationaler Einheit
- **restaurative Bemühungen des Wiener Kongresses** 1815 → Entstehen einer **Nationalbewegung**, getragen vom liberalen Bürgertum und der Studentenschaft → Juni 1815: Gründung der sog. **Urburschenschaft** an der Universität Jena
- **Wartburgfest** 1817:
  - erstes deutsches **Nationalfest** mit Teilnehmern aus dem ganzen Land (organisiert von Burschenschaften der Universität Jena)
  - auf dem Fest formulierte **Appelle:** Gleichheit vor dem Gesetz, Rede- und Pressefreiheit, Recht auf politische Vereinigungen, konstitutionelle Monarchie, politische Einheit der Nation

- **Verknüpfung nationaler und liberaler Gedanken und Forderungen:** Streben nach Freiheit, Gleichheit und einer Verfassung, aber auch Abgrenzung und Intoleranz gegenüber allem „Undeutschen" (**„Bücherverbrennungen"**) und radikale Ablehnung der bestehenden Obrigkeit
- frühe Nationalbewegung als **Opposition zum Deutschen Bund** (seit 1815), der nicht als Nationalstaat konzipiert ist (kein gemeinsames Oberhaupt, keine gemeinsame Regierung, kein Parlament, keine Hauptstadt) und Volk keine Freiheitsrechte gewährt
- März 1819: **Ermordung des reaktionären Schriftstellers August von Kotzebue** durch Jenaer Burschenschafter → **Karlsbader Beschlüsse** 1819: Verpflichtung der Regierungen der deutschen Staaten zu **Repressionspolitik**, u. a. Überwachung von Universitäten, Öffentlichkeit und Presse (Zensur) → Abflauen der Nationalbewegung und **Rückzug ins Private** (Biedermeier)
- **Juli-Revolution** von 1830 in Frankreich → **Auftrieb für Oppositionsbewegung** im Deutschen Bund
- **Hambacher Fest** 1832 als Höhepunkt der liberalen und nationalen Oppositionsaktivitäten im Vormärz: Zusammenkunft von ca. 30 000 Menschen aus allen Bevölkerungsschichten zur **Forderung von Freiheitsrechten und eines Nationalstaats** für alle Völker (**„Völkerfrühling"**) → Folgen:
  - **Verschärfung der Unterdrückung** durch Deutschen Bund, aber in Einzelstaaten Unterstützung kulturnationaler Ideen, ohne damit auf liberale Forderungen einzugehen, z. B. Weiterbau des Doms in Köln oder der Walhalla in Bayern
  - **Ausweitung der Nationalbewegung** zu einer Massenbewegung, v. a. durch Turn- und Gesangsvereine mit überregionalen Veranstaltungen (Turnvater Jahn als zentrale Figur)
- **„Rheinkrise"** 1839/40: Forderungen Frankreichs nach Wiederherstellung der Rheingrenze: Anspruch auf Gebiete westlich des Rheins → Ressentiments in der deutschen Bevölkerung → weitere Ausbreitung und **Emotionalisierung der Nationalbewegung**

Nationalismus in der Revolution von 1848/49

- **Wunsch nach Selbstbestimmung der Nation** in Form eines Nationalstaats als ein Ziel der Revolutionäre → besondere Sprengkraft in Vielvölkerstaaten wie Österreich
- **zwei Stoßrichtungen** des nationalpolitischen Programms:
  - **nach außen:** Interessenskonflikte mit anderen Nationalitäten, z. B. in Südtirol oder in Posen → **Aufbrechen von Nationalitätenkonflikten** und aggressivem Nationalismus
  - **nach innen:** Streben nach friedlicher Vereinigung der Einzelstaaten des Deutschen Bunds → Debatte in Paulskirchenversammlung: **kleindeutsche oder großdeutsche Lösung?**
    → **großdeutsche Lösung:** Aufnahme der zum Deutschen Bund gehörenden Gebiete Österreichs → Ablehnung durch Österreich wegen Zersplitterung des Habsburgerstaats
    → **„Siebzigmillionenreich"/großösterreichische Lösung:** Aufnahme des gesamten Habsburgerreichs in künftigen deutschen Staat unter Verzicht auf Nationalparlament = Widerspruch zur Kulturnation
    → Entscheidung der Paulskirche für **kleindeutsche Lösung** ohne Gebiete des Habsburgerreichs
- **Frankfurter Paulskirchenversammlung** als demokratisch gewähltes Parlament → Bemühungen um Nationalstaatsgründung **„von unten"**
  ABER: **Ablehnung der Kaiserwürde durch Friedrich Wilhelm IV. von Preußen** aus den Händen des Volks = **Scheitern der Revolution und des Nationalstaats**

Auf einen Blick

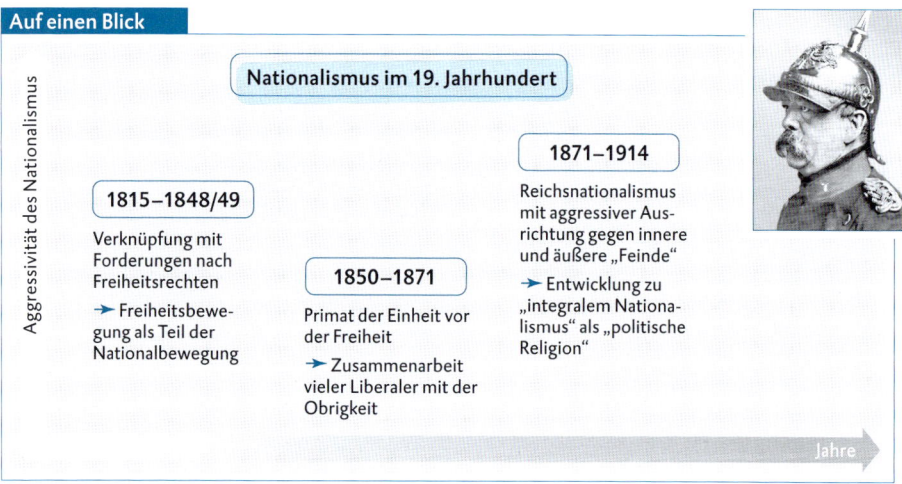

Nationalismus im 19. Jahrhundert

1871–1914

Reichsnationalismus
mit aggressiver Aus-
richtung gegen innere
und äußere „Feinde"

→ Entwicklung zu
„integralem Nationa-
lismus" als „politische
Religion"

1815–1848/49

Verknüpfung mit
Forderungen nach
Freiheitsrechten

→ Freiheitsbewe-
gung als Teil der
Nationalbewegung

1850–1871

Primat der Einheit vor
der Freiheit

→ Zusammenarbeit
vieler Liberaler mit der
Obrigkeit

Aggressivität des Nationalismus

Jahre

Entstehung des Kaiserreichs

- **Ausgangslage:**
  - Phase der **Reaktion:** scharfe Unterdrückung der Opposition durch den Obrigkeitsstaat seit der gescheiterten Revolution von 1848/49 und **Wiederherstellung des Deutschen Bunds**
  - **preußisch-österreichischer Dualismus:** preußische Unionspolitik mit kleindeutscher Lösung als Ziel ↔ Streben Österreichs nach großdeutscher Lösung
  - Hoffnung der national-liberalen Bewegung auf Schaffung eines deutschen Nationalstaats unter Führung Preußens → Zusammenarbeit des größten Teils der Liberalen mit preußischem Ministerpräsident Bismarck: **Primat der Einheit vor der Freiheit**
  - Bismarcks **„Blut und Eisen"-Rede** 1862: Versprechen zur Herstellung der nationalen Einheit unter Vorherrschaft Preußens mit militärischen Mitteln
- **Deutsch-Dänischer Krieg** 1864: gemeinsames preußisch-österreichisches Vorgehen gegen Dänemark, um Schleswigs und Holsteins Zugehörigkeit zum Deutschen Bund zu sichern → Aufteilung der Verwaltung der Herzogtümer Schleswig (Preußen) und Holstein (Österreich)
- **Deutsch-Deutscher Krieg** 1866: Krieg zwischen Preußen und seinen Verbündeten mit Öster- reich und den verbleibenden Bundesstaaten um die Verwaltung der Elbherzogtümer → Sieg Preußens und Gründung des Norddeutschen Bunds 1867 (Anbindung der süddeutschen Staaten über **„Schutz- und Trutzbündnisse"**) → endgültiger **Verzicht auf großdeutsche Lösung**
- **Deutsch-Französischer Krieg** 1870/71: Eskalation eines machtpolitischen Konflikts zwischen Preußen und Frankreich („Emser Depesche") → Inkrafttreten der „Schutz- und Trutzbündnisse" → Ausweitung zu deutschem Nationalkrieg → 18. Januar 1871: **Gründung des deutschen Kaiserreichs** unter Führung Preußens (**Nationalstaatsgründung „von oben"**: Reichsgrün- dung als ein von Fürsten und Militärs getragener Akt ohne Mitsprache des Volks)

Politische Grundlagen

- Kaiserreich als **Bundesstaat:** Zusammensetzung aus 26 Einzelstaaten, die historisch, geogra- fisch, wirtschaftlich und konfessionell keine Einheit bilden → **Föderalismus**

- 16. April 1871: Verabschiedung der **Reichsverfassung** durch den Reichstag → überwiegend Berücksichtigung des monarchischen Prinzips → weiterhin erhebliche **Macht der konservativen Kräfte und Preußens**
  ABER: **fortschrittliches Wahlrecht** (allgemein, gleich, direkt und geheim) für den Reichstag als demokratisches Element → Mobilisierung einer breiten Öffentlichkeit und Entstehung einer politischen Diskussionskultur (Nationalisierung der Politik)
  → **Kritik der modernen Forschung an Wehlers These vom deutschen „Sonderweg"**, die unzeitgemäße Rückschrittlichkeit des politischen Systems im Kaiserreich behauptet
- 1878/79: Einführung von Schutzzöllen → **Ende der Zusammenarbeit von Bismarck mit Nationalliberalen** → dauerhafte **Schwächung des deutschen Liberalismus** und entscheidende **Stabilisierung des autoritären Machtstaats**

Nationalismus im Kaiserreich

- Nutzung des **Nationalismus als Integrationsideologie** durch Eliten des Kaiserreichs → Nationalismus als staatskonforme Kraft
- Entstehung eines neuen **Reichsnationalismus („negative Integration")**:
  – **nach außen:** machtstaatliche, hegemoniale und später auch rassistische Ausrichtung
  – **nach innen:** Ablehnung derjenigen, die Bismarcks Form der Reichsgründung und seiner Politik widersprechen (Kritik an entstandenem deutschen Nationalstaat: zu klein, zu protestantisch, zu wenig föderativ, demokratisch, parlamentarisch und sozial gerecht) → Bezeichnung als „Reichsfeinde" → schwierige „innere Reichsgründung"
- **Vorgehen gegen „Reichsfeinde":**
  – 1871–1887: **„Kulturkampf"** gegen katholische Kirche und ihre politische Vertretung (Zentrum), z. B. „Kanzelparagraph" (Verbot für Geistliche, sich während der Ausübung ihres Berufs zu politischen Themen zu äußern), Einführung der Zivilehe, Entzug staatlicher Zuwendungen
  – **Sozialistengesetz** von 1878 zur Eindämmung der Sozialdemokratie, z. B. Verbot der SAP sowie sozialistischer Versammlungen und Druckschriften
  → **Scheitern der Maßnahmen:** Vertiefung der Spaltung der Gesellschaft und Verstärkung des Zusammengehörigkeitsgefühls innerhalb der bekämpften Gruppen
- 1878/79: **„konservative Wende"** = Aufgreifen der nationalen Idee durch konservative Kreise → Übergang des Reichsnationalismus zu rechter Ideologie (antiliberal, antisemitisch, expansionistisch) → **„integraler Nationalismus":**
  – vollständige Unterordnung des Einzelnen unter die Nation („Du bist nichts, dein Volk ist alles.") → **Nationalismus als „politische Religion"**
  – „Volk" (nicht der Staat) als entscheidende Bezugsgröße → **„völkischer" Nationalismus**
  – Aufkommen des **Chauvinismus:** absolute Vorrangstellung der eigenen Nation → Forderung nach rücksichtsloser Durchsetzung nationaler Interessen gegenüber anderen Staaten (nach außen) und nationalen Minderheiten (nach innen)
  – preußisch-deutscher **Militarismus** als zentraler Integrationsfaktor → Entstehung politischer Vereine zur Propagierung nationalistischer Ideen, z. B. **„Alldeutscher Verband"** (1891) oder **„Deutscher Flottenverein"** (1898)
  – Zusammenspiel von **Integration und Segregation:** Forderung an gesellschaftliche und nationale Minderheiten (z. B. Juden, Dänen oder Polen) zur **Assimiliation** (Anpassung) und **Akkulturation** (Übernahme der Kultur) → verstärkte Ausbildung einer eigenen Identität der Minderheiten als Reaktion auf **„Germanisierungsdruck"** → Segregation der Minderheiten

Auf einen Blick

Nationalismus im Nationalsozialismus

sprachliche Erscheinungsformen	gesellschaftliche Erscheinungsformen	politische Erscheinungsformen
◦ Häufung des Wortes „Volk"	◦ rassischer Nationalismus	◦ Ultranationalismus
◦ Überhöhung der Nation durch Adjektiv „deutsch"	◦ „Volksgemeinschaft" als „Bluts- und Schicksalsgemeinschaft"	◦ „Blut-und-Boden-Ideologie" → Eroberung von „Lebensraum im Osten"
◦ Eindeutschung von Begriffen	◦ Unterordnung von Einzelinteressen unter das Gemeinwohl	◦ Ausgrenzung, Verfolgung und Vernichtung von Minderheiten

Sprachliche Erscheinungsformen

- „**Volk**" und „**Nation**" als **rassistische Begriffe:** „deutsches Blut" als Voraussetzung für Zugehörigkeit zur „Volksgemeinschaft" und zur deutschen Nation
- häufige Benutzung des Wortes „**Volk**", z. B. „Volksfeinde", „Volksgemeinschaft", „Volksgenosse"
- Bildung von **ideologischen Gegensatzpaaren**, um schlichtes Freund-Feind-Denken zu vermitteln, z. B. „Arier" und „Juden", „Herrenrasse" und „Untermenschen", „Volksgenossen" und „Gemeinschaftsfremde", „Volksgemeinschaft" und „Individuum"/„Einzelner"
- sprachliche **Überhöhung der Nation** durch **Häufung des Adjektivs „deutsch"**, z. B. „deutsches Volk", „deutsche Menschen"
- **Eindeutschung von Begriffen** (oft in Verbindung mit Bedeutungsverschiebung), z. B. „Bandit" für Partisan oder „Mordbrenner" für feindlichen Piloten
- **Rückgriff auf Sprachgebrauch des Kaiserreichs** bei nationalistischen Begriffen, z. B. „Erbgesundheit" und „Rassegedanke"

Gesellschaftliche Erscheinungsformen

- durch den Ersten Weltkrieg, die Kriegsniederlage und die Kriegsfolgen **radikalisierter Nationalismus**
- Herstellung einer **Kontinuität zum Kaiserreich:** Stilisierung Hitlers als Retter der von Bismarck gegründeten Nation
- **Ideologie einer besonderen deutschen Kulturnation** mithilfe der Anknüpfung an nationalistische, rassistische, sozialdarwinistische und antisemitische Vorstellungen aus dem Kaiserreich

- **rassischer Nationalismus** (seit dem Ende des 19. Jahrhunderts): biologische Abstammung als neues Kriterium der Zugehörigkeit zu einer Nation (nicht mehr hauptsächlich gemeinsame Kultur und Geschichte) → Einteilung der Gesellschaft in **„höher-" und „minderwertige" Menschen:** „Arier" als überlegene „Herrenrasse" sowie Juden, Slawen und andere „artfremde" Völker als „Untermenschen"
- Definition der „Volksgemeinschaft" einerseits durch **Inklusion** der „Volksgenossen", andererseits hauptsächlich durch **Exklusion** von Juden, „Zigeunern", politisch Andersdenkenden, Behinderten, Homosexuellen, Zeugen Jehovas und anderen unliebsamen Personengruppen → industrielle Vernichtungsmaschinerie der **Konzentrations- und Vernichtungslager** als radikale Umsetzung der Rassenideologie
- Propagierung der **„Volksgemeinschaft":** Behauptung, nationalistische Bestrebungen nach Vormachtstellung der eigenen Nation und sozialistische Bestrebungen nach Überwindung der Klassengesellschaft miteinander zu verbinden → keine ökonomische und gesamtgesellschaftliche Umsetzung, sondern nur **vermeintliche „Überwindung der Klassengegensätze"** zwischen Angehörigen der „Volksgemeinschaft"
- „Volksgemeinschaft" als **„Bluts- und Schicksalsgemeinschaft":** Zurückführung des Mythos der „Volksgemeinschaft" auf Stammesgesellschaften der Germanen, angeblich ohne Klassen oder soziale Schranken ↔ trotzdem klare Schichtung und **Hierarchisierung der Gesellschaft** in oben und unten, z. B. Großindustrie und Arbeiterschaft
- Gültigkeit des Grundsatzes: **„Du bist nichts, dein Volk ist alles!"** → radikale **Unterordnung von Einzelinteressen unter das Gemeinwohl** (bestimmt durch Adolf Hitler als von der Vorsehung auserkorener „Führer")
- „Volksgemeinschaft" auch **Gesinnungsgemeinschaft:** Bekenntnis zur NS-Ideologie als Voraussetzung für Zugehörigkeit

Politische Erscheinungsformen

- **Ultranationalismus:** übersteigerte nationalistische Einstellung mit extremer Überhöhung der eigenen Nation und einem daraus abgeleiteten Herrschaftsanspruch über andere
- **„Blut-und-Boden-Ideologie"** als Fortsetzung der „Germanisierungs-" und Kolonialpolitik des 19. Jahrhunderts: Einheit einer „rassisch reinen" Bevölkerung und ihres Siedlungsgebiets → Propagierung des „Volks ohne Raum" und der Notwendigkeit der **Eroberung von „Lebensraum im Osten"** zur Ernährung und Entfaltung des deutschen Volks:
  – Argumentation mit **Sozialdarwinismus** und „Recht des Stärkeren" → Notwendigkeit eines angemessenen „Lebensraums" für „Herrenrasse" → **„Kampf ums Dasein":** Eroberung durch Krieg und langfristige Sicherung des Territoriums
  – Nutzung zur **„Germanisierung":** Besiedlung mit Bürgern des Reichs
  – **Ausbeutung** von Landwirtschaft und Rohstoffvorkommen zur Erreichung von Autarkie
  – Schaffung von neuen **Absatzmärkten**
  – Schaffung einer strategisch günstigen **Basis für Angriff und Verteidigung**
- brutale **Ausgrenzung, Verfolgung und Vernichtung** nationaler, sozialer, religiöser und politischer Minderheiten
- Repräsentation der deutschen Nation durch einen **„Führer",** der die vermeintlichen Interessen des Volks vertreten soll
- **Unterschiede zu herkömmlichen nationalistischen Vorstellungen** des Bürgertums: Streben der Nationalsozialisten nach Großreich im Osten und bedingungslose Befürwortung von Krieg zur Verwirklichung der Ziele

Auf einen Blick

> **Hintergrund:** nationalsozialistische „Germanisierungspolitik"

Formen der Vertreibung von Deutschen nach dem Zweiten Weltkrieg

Prozess der Integration

- ab Mai 1945: „wilde" Vertreibung
- Potsdamer Konferenz (Juli/August 1945): Beschluss zu „ordnungsgemäßer und humaner Überführung"
  → weiterhin Übergriffe und Zwangsumsiedlungen unter katastrophalen Bedingungen

Bundesrepublik

problematische Eingliederung der Vertriebenen
→ Druck der Alliierten zu rascher Integration
→ erzwungene Integration und fehlende Aufarbeitung

DDR

- Verharmlosung des Schicksals der Vertriebenen
  → Verbot einer Interessenvertretung
- Anerkennung der Ostgrenzen und Propagierung einer erfolgreichen Integration

ab 1990: Anerkennung des Leids der Flüchtlinge und Vertriebenen
→ Aufbrechen eines klaren Täter-/Opfer-Schemas

Hintergründe

- Beginn der Bevölkerungsverschiebungen durch **„Germanisierungspolitik"** der Nationalsozialisten: **Umsiedlung von „Volksdeutschen"** in zuvor „gesäuberte" Gebiete im Osten
  → Vertreibung oder Deportation der nicht-deutschen Bevölkerung
- 1943: Drängen des tschechischen Exilpräsidenten **Edvard Beneš** auf **„Bevölkerungstransfer"** der angesiedelten Deutschen zur Sicherung des Friedens nach Kriegsende
- Dezember 1944: **Pläne Churchills zur Vertreibung der Deutschen** aus Polen, der Tschechoslowakei und Ungarn, um „Bevölkerungsmischung" zu vermeiden und Frieden zu sichern
- Winter 1944/45: Rückzug der Wehrmacht vor der Roten Armee → **Flucht** von über 4 Millionen Menschen aus Gebieten östlich von Oder und Neiße **vor heranrückender Roter Armee**

Formen und Verlauf der Vertreibung

- ab Winter 1943/44: **erste Vertreibungen** von Deutschen aus der Ukraine, Siebenbürgen und Rumänien; außerdem **Zwangsevakuierungen** durch die Wehrmacht
- ab Mai 1945: **„wilde"** (ungeregelte) **Vertreibung** mit **Rache- und Vergeltungsakten** aus den ehemaligen Ostgebieten (v. a. aus dem Sudetenland) nach Ende der Kampfhandlungen
- **Potsdamer Konferenz** (Juli/August 1945): Beschluss einer **„ordnungsgemäßen und humanen Überführung"** von Deutschen aus den ehemaligen Ostgebieten, aber weiterhin **Übergriffe** der einheimischen Bevölkerung auf Deutsche und **Zwangsumsiedlungen** (auch von Polen, Litauern, Ukrainern und Weißrussen) unter katastrophalen Bedingungen (Hunger, Kälte, Gewalt)
  → **kein Eingreifen der Westalliierten**, um sowjetische Zugeständnisse in der Reparationsfrage nicht zu gefährden
  → 1945/46: Erlass einer noch heute umstrittenen Amnestie in der Tschechoslowakei für bei der Vertreibung begangene Verbrechen (**„Beneš -Dekrete"**)
- bis 1950: Flucht und Vertreibung von insgesamt 12 Millionen Deutschen aus Ostpreußen, Schlesien, Hinterpommern, dem Sudetenland und aus den besetzten sowie anderen deutschsprachigen Gebieten mit ca. 2 Millionen Todesopfern (Zahl umstritten)

Westliche Besatzungszonen und Bundesrepublik

- Verschärfung der sozialen, wirtschaftlichen und politischen Probleme in den Besatzungszonen durch Zustrom von Flüchtlingen und Vertriebenen
  - → **Verweigerungshaltung der Bevölkerung gegen Aufnahme** von Vertriebenen und gegen Teilen von Eigentum
  - → **Ressentiments und Ablehnung** sowie (rassistische) Beschimpfung der Vertriebenen wegen Konkurrenz auf Wohn- und Arbeitsmarkt
  - → **Ausbeutung** der Arbeitskraft der Vertriebenen
  - → **Abwälzung der Schuldgefühle** zu Kriegsausbruch und Kriegsverbrechen auf Vertriebene
- Ansiedlung der Neuankömmlinge v. a. auf dem Land und in Kleinstädten (in Großstädten Wohnungsknappheit aufgrund von Bombenschäden) → oft **problematische Eingliederung der Fremden** in ansonsten homogenes, eher konservatives Milieu
- **Druck der Alliierten zur schnellen Eingliederung** und Verbot einer politischen Interessenvertretung der Flüchtlinge und Vertriebenen
- **Wunsch nach rascher Assimilation** in Aufnahmegesellschaft, um Anfeindungen als „Fremde" zu vermeiden → Verschweigen der traumatischen Erfahrungen → **fehlende Aufarbeitung**
- 1949–1969: Einrichtung eines **Bundesministeriums für Vertriebene** → Gesetze und Maßnahmen zur Eingliederung von Neuankömmlingen
- 1950: Gründung des **„Blocks der Heimatvertriebenen und Entrechteten"** → hohe Wahlergebnisse
- 1952: **Lastenausgleichsgesetz** zur Kompensation von Verlusten der Vertriebenen durch Abgaben vermögender Deutscher
- 1958: Zusammenschluss verschiedener Vertriebenenverbände als **„Bund der Vertriebenen"** → Kulturarbeit und „offizielle" Vertretung der Vertriebenen: Forderung nach **Revision der Nachkriegsgrenzen**, v. a. der Oder-Neiße-Linie (teilweise Unterstützung durch Bundespolitiker wegen antikommunistischen Grundkonsenses)
- **wirtschaftlicher Aufschwung** als Voraussetzung für gelingende Integration
- 1960er- und 1970er-Jahre: **neue Ostpolitik** der sozialliberalen Koalition unter Willy Brandt → Betonung von Flucht und Vertreibung als Folge der von Deutschen begangenen NS-Verbrechen (**Deutsche nur Täter**, keine Opfer) → **Revanchismusvorwurf** an Vertriebenenverbände
- ab Mitte der 1980er-Jahre: Einsicht, dass **Integration nur vordergründig gelungen** ist und **erzwungene Integration** Aufarbeitung der Geschehnisse verhindert hat → verschiedene psychische Erkrankungen bei Betroffenen wegen **fehlender Verarbeitung**
- seit 1990: Eingeständnis der deutschen Schuld an Vorgeschichte zu Flucht und Vertreibung, aber auch **Anerkennung des Leids der Flüchtlinge und Heimatvertriebenen** → 2008: „Stiftung Flucht, Vertreibung, Versöhnung" zur Erinnerung an Flucht und Vertreibung

SBZ und DDR

- **Verbot von Interessenvertretung** für „Umsiedler" und Verharmlosung von deren Schicksal
- 1945–1948: **„Zentralverwaltung für deutsche Umsiedler"** (Eingliederung von Vertriebenen)
- 1950: **Anerkennung der Oder-Neiße-Grenze** und Anprangerung der Politik der westdeutschen Vertriebenenverbände als Revanchismus
- Propagierung des erfolgreichen Abschlusses der Integration der „Umsiedler" in die DDR-Bevölkerung

Auf einen Blick

Bundesrepublik Deutschland
(23. Mai 1949)

- Verfassungspatriotismus statt Nationalismus
  → Freiheit vor Einheit
- Alleinvertretungsanspruch (1954–1969)
- Pariser Verträge (1955)
  → eingeschränkte Souveränität
- europäischer Gedanke
- Neue Ostpolitik (ab 1972)
- Fernziel Wiedervereinigung

DDR
(7. Oktober 1949)

- DDR als „antifaschistisches Bollwerk"
- Enteignungen, Planwirtschaft
- Warschauer Pakt (1955)
- DDR als Modell für künftiges sozialistisches Gesamtdeutschland
- internationale Anerkennung und Erleichterungen im zwischenstaatlichen Verkehr (ab 1973)
- Sicherung der strikten Zweistaatlichkeit

Entstehung

- Mai 1945: **bedingungslose Kapitulation** der Wehrmacht → Aufteilung Deutschlands in vier **Besatzungszonen** (Besatzungsmächte: USA, Großbritannien, Frankreich und die Sowjetunion)
- **unterschiedliche Vorstellungen** der Besatzungsmächte in Bezug auf Deutschland:
  - **USA:** Schaffung eines starken Weststaats als Bollwerk gegen sowjetische Expansion
  - **Sowjetunion:** Streben nach neutralem Gesamtdeutschland
- **wirtschaftliche Auseinanderentwicklung:** umfangreiche **Demontagen** in französischer und sowjetischer Besatzungszone ↔ Streben nach raschem **Wiederaufbau** in britischer und amerikanischer Besatzungszone → 1. Januar 1947: Zusammenschluss zur **Bizone**
- Unterstützung der Westzonen durch **Marshallplan** zum Wiederaufbau Europas → Angebot von Geldern an die SBZ, aber Ablehnung von Unterstützungsgeldern durch die Sowjetunion, stattdessen **Sozialisierungspolitik** (Enteignung von Großgrundbesitz und Schwerindustrie) und **Austritt der Sowjetunion aus dem Alliierten Kontrollrat**
- endgültiges **Scheitern einer gemeinsamen Deutschland-Politik** durch **Währungsreform** mit Einführung der **D-Mark** in den Westzonen (20. Juni 1948) → **Trizone** (Beitritt Frankreichs zur Bizone) → Einführung der **Ostmark** in der SBZ (23. Juni 1948) und **Berlin-Blockade**
- 1. Juli 1948: Überreichung der **Frankfurter Dokumente** an westdeutsche Ministerpräsidenten durch westliche Militärgouverneure, die zur Wahl einer verfassunggebenden Versammlung und Gründung eines demokratischen Bundesstaats auffordern → Ausarbeitung eines **Grundgesetzes als Provisorium** durch den Parlamentarischen Rat, um deutsche Spaltung nicht durch Verfassung zu zementieren: **Gründung der Bundesrepublik Deutschland** am 23. Mai 1949
- 7. Oktober 1949: **Gründung der Deutschen Demokratischen Republik (DDR)** als Reaktion auf die Weststaatsgründung

Selbstverständnis der Bundesrepublik Deutschland

- ab 1949: republikanisches Nationsverständnis: **Verfassungspatriotismus** (Sternberger) **statt Nationalismus** (Basis für politische Teilhabe und staatliches Handeln: Bekenntnis zu freiheitlichdemokratischer Grundordnung anstelle von Volkszugehörigkeit und Abstammung, da Identifikation mit Gesamtdeutschland nicht möglich ist) → Primat von verfassungsmäßig garantierter **Freiheit vor nationaler Einheit**

- **Alleinvertretungsanspruch:** alleinige Befugnis der Bundesrepublik, für deutsches Volk zu sprechen → Ablehnung von Beziehungen zu Drittstaaten, die DDR anerkennen
- **Ära Adenauer** (1949–1963): Streben nach Wiedererlangung der vollständigen **Souveränität durch Wiederbewaffnung und Westintegration**
  - **Stalin-Note** von 1952: vermeintliches Angebot Stalins, Wiedervereinigung eines neutralen Gesamtdeutschlands zu akzeptieren; von Adenauer und Westmächten vorwiegend als **Störmanöver** gegen Westintegration und Wunsch nach Machtausweitung der Sowjetunion auf ganz Deutschland interpretiert → **Ablehnung:** Sicherheitspolitik des westlichen Verteidigungsbündnisses aus Sorge vor sowjetischer Expansion
  - **Deutschlandvertrag** über Wiedergewinnung der Souveränität (Ende des Besatzungsstatuts) in Bezug auf Außen- und Innenpolitik (Mai 1952) sowie **Pariser Verträge** (1955)
  - **NATO-Beitritt** und Wiederbewaffnung
  - → Kritik wegen Abrücken von einer raschen Wiedervereinigung
- späte 1960er-Jahre: abnehmende Forderungen nach Vereinigung der beiden deutschen Staaten zu Nationalstaat, stattdessen **Aufkommen des europäischen Gedankens:** Streben nach politischer Einheit Europas → Bundesrepublik als „**postnationale Demokratie**"
- **Neue Ostpolitik** unter Willy Brandt („**Wandel durch Annäherung**"): Aufgabe des Alleinvertretungsanspruchs und **Anerkennung der DDR**, aber Festhalten am **Ziel der Wiedervereinigung** → gesamtdeutscher **Nationalstaat** weiterhin **politisches Fernziel**, jedoch kaum mehr ernsthafte Versuche zur Umsetzung vonseiten der Politik

Selbstverständnis der DDR

- Abgrenzung der **DDR als „antifaschistisches Bollwerk"** und als „sozialistischer Friedensstaat" von der Bundesrepublik: SED-Führung als Nachfolger des kommunistischen Widerstands gegen den Nationalsozialismus („**Gründungsmythos" der DDR**) → Abgrenzung von der NS-Vergangenheit und von der Bundesrepublik (Imperialismus-Vorwurf)
- „**planmäßiger Aufbau des Sozialismus**" als Staatsziel:
  - Enteignungen zur Gründung „**Volkseigener Betriebe**" → einseitige Förderung der Schwer- und Rüstungsindustrie und Erhöhung der geforderten Arbeitsleistung
  - **Planwirtschaft:** Abkehr vom Prinzip von Angebot und Nachfrage (Marktwirtschaft), stattdessen Produktion und Festlegung der Preise nach staatlichen Vorgaben → keine Möglichkeit, auf Veränderungen des Weltmarkts zu reagieren, sowie Vernachlässigung von Qualität und Weiterentwicklung der Produkte
- enge Anbindung der DDR an die Sowjetunion, z. B. durch **Warschauer Pakt** (1955)
- Selbstverständnis der DDR, **Modell für künftiges sozialistisches Gesamtdeutschland** zu sein, aber in der Realität **Abgrenzung gegenüber der Bundesrepublik** zur Absicherung der eigenen Herrschaft → Einführung einer DDR-Staatsbürgerschaft (1967), Verbot der DDR-Hymne von 1949 wegen Passus „Deutschland, einig Vaterland", bis in 1960er-Jahre keine offiziellen Kontakte zwischen DDR und Bundesrepublik
- 1970er-Jahre: **internationale Anerkennung der DDR** durch Neue Ostpolitik der Bundesrepublik und **Erleichterung der Begegnungsmöglichkeiten** der West- und Ostdeutschen gegen finanzielle Unterstützung durch die Bundesrepublik → Zunahme des innenpolitischen Drucks in der DDR zur **Sicherung der strikten Zweistaatlichkeit**

Auf einen Blick

Moskauer Vertrag (12.8.1970)
- Bundesrepublik – UdSSR
- Gewaltverzicht
- Unverletzlichkeit der Grenzen

Warschauer Vertrag (7.12.1970)
- Bundesrepublik – Polen
- Achtung der bestehenden Grenzen (Oder-Neiße-Linie)

Viermächteabkommen (3.9.1971)
- USA, GB, Frankreich, UdSSR
- freier Transitverkehr
- Status Westberlins

Bundesrepublik (und Westalliierte) **DDR (und Sowjetunion + Ostblockstaaten)**

Transitabkommen (17./20.12.1971) Verkehrsvertrag (26.5.1972)
- Bundesrepublik – DDR
- Erleichterungen im Personen- und Güterreiseverkehr

Grundlagenvertrag (21.12.1972)
- Bundesrepublik – DDR
- Aufgabe des Alleinvertretungsanspruchs
- gutnachbarliche Beziehungen

Prager Vertrag (17.12.1973)
- Bundesrepublik – Tschechoslowakei
- Verzicht auf Gebietsansprüche
- Aufnahme diplomatischer Beziehungen

Vorgeschichte

- Oktober 1962: nach **Beilegung der Kuba-Krise** Tauwetterperiode in Ost-West-Beziehungen → zunehmend **schwieriger**, **Hallstein-Doktrin** (Sanktionen gegen Drittstaaten, die diplomatische Beziehungen zur DDR unterhalten, um DDR zu isolieren) **aufrechtzuerhalten**
- **Große Koalition** (1966–1969) unter Kurt Georg Kiesinger (CDU): **Öffnung der Politik nach Osten**, ohne DDR als Staat anzuerkennen → Ziel: menschliche Erleichterungen schaffen
- 1960er-Jahre: programmatische **Annäherung von SPD und FDP** und gemeinsamer Bundestagswahlkampf 1969 unter dem Motto „**Mehr Demokratie wagen!**" → Streben nach gemeinsamer Regierungsverantwortung, um Große Koalition abzulösen
- 21. Oktober 1969: **Wahl Willy Brandts** (SPD) **zum Bundeskanzler** und Ernennung Walter Scheels (FDP) zum Außenminister → Reformen in der Deutschland- und Gesellschaftspolitik
- Bruch Brandts mit der Doktrin von der Nicht-Existenz der DDR durch **Formel von „zwei Staaten in Deutschland"**
- **Ziel:** neue Grundlage für Beziehungen mit osteuropäischen Staaten nach dem Prinzip „**Wandel durch Annäherung**" (Egon Bahr)

Ostverträge

Moskauer Vertrag (12. August 1970)
- Abkommen mit der Sowjetunion als **Voraussetzung für Verträge** mit Polen, der Tschechoslowakei und der DDR
- **Vertragspartner:** Bundesrepublik, UdSSR
- Achtung der territorialen Integrität aller Staaten in Europa und Erklärung von **Gewaltverzicht**
- **Unverletzlichkeit** (nicht Unveränderbarkeit) der Grenzen aller Staaten in Europa mit ausdrücklicher Nennung der **Oder-Neiße-Grenze** und der Grenze zwischen Bundesrepublik und DDR
- „**Brief zur deutschen Einheit**" der Bundesregierung an die Sowjetunion: Vertrag kein Widerspruch zu langfristigem Ziel einer deutschen Wiedervereinigung „in freier Selbstbestimmung"
- **Probleme:** Andauern des politisch-ideologischen Gegensatzes, kein Ende des Rüstungswettlaufs

Warschauer Vertrag (7. Dezember 1970)
- **Vertragspartner:** Bundesrepublik, Polen
- **Achtung der gegenwärtigen Grenzen** (Oder-Neiße-Linie), aber endgültige Regelung soll Friedensvertrag mit Gesamtdeutschland vorbehalten bleiben
- **Kniefall Willy Brandts** am Getto-Denkmal in Warschau (symbolische Entschuldigungsgeste)
- **Probleme:** Streit über Schulbuchvereinbarungen (Forderung nach objektiver Darstellung der polnischen Geschichte), Landkarten (Grenzziehungen, Bezeichnung von Städten) usw.

Viermächteabkommen über Berlin (3. September 1971)
- **Vertragspartner:** USA, Großbritannien, Frankreich, UdSSR
- **freier Transitverkehr** nach Berlin und Gewaltverzicht
- **Westberlin** weiterhin **kein Bestandteil der Bundesrepublik**, aber Akzeptanz seiner **engen Bindung an Westdeutschland**
- **Problem:** Status der Berliner Westsektoren weiterhin nicht eindeutig geklärt

Transitabkommen (17./20. Dezember 1971)/Verkehrsvertrag (26. Mai 1972)
- **Vertragspartner:** Bundesrepublik, DDR
- Regelungen des **Personen- und Güterreiseverkehrs** zwischen Bundesrepublik und Westberlin
- **Reiseerleichterungen** und erweiterte **Besuchsmöglichkeiten** von West nach Ost
- **Problem:** weiterhin nur eingeschränkt Besuche von Ost nach West

Grundlagenvertrag (21. Dezember 1972)
- **Vertragspartner:** Bundesrepublik, DDR
- Vereinbarung **gutnachbarlicher Beziehungen** auf der Grundlage der **Gleichberechtigung**
- **Aufgabe des Alleinvertretungsanspruchs**, aber keine völkerrechtliche Anerkennung der DDR
  → Einrichtung von „**Ständigen Vertretungen**" anstelle von Botschaften
  → aus Sicht der Bundesrepublik existiert **keine DDR-Staatsbürgerschaft**
- **Probleme:** Weiterbestehen der Berliner Mauer und des Schießbefehls, noch ausstehende Wiedervereinigung, fehlende Respektierung der Menschenrechte in der DDR

Prager Vertrag (17. Dezember 1973)
- **Vertragspartner:** Bundesrepublik, Tschechoslowakei
- **Verzicht auf Gebietsansprüche** und Bekenntnis zu **Unverletzlichkeit der Grenzen**
- Vereinbarung zukünftiger Zusammenarbeit und **Aufnahme diplomatischer Beziehungen**
- **Problem:** Widerstand und Enttäuschung bei Sudetendeutschen wegen Verzicht auf Sudetenland

Auswirkungen

- **Anerkennung der bestehenden Grenzen** und der DDR → **Reiseerleichterungen**
- westdeutsche **Kredite für die DDR**
- **Hoffnungen bei DDR-Bevölkerung auf Liberalisierung**, stattdessen Ausbau des Überwachungsapparats der Stasi und **Verschärfung der Grenzsicherung** → Unzufriedenheit bei der Bevölkerung und langfristige **Destabilisierung** des Staats
- **Kritik in der Bundesrepublik:**
  - Stabilisierung der DDR durch Anerkennung → **Zementierung der deutschen Teilung**
  - **Aufgabe wesentlicher Rechtspositionen**, z. B. in Bezug auf die Oder-Neiße-Linie
  → erfolglose Versuche der Vertriebenenverbände, Neue Ostpolitik zu verhindern
  → Misstrauensvotum gegen Brandt, das aber scheitert

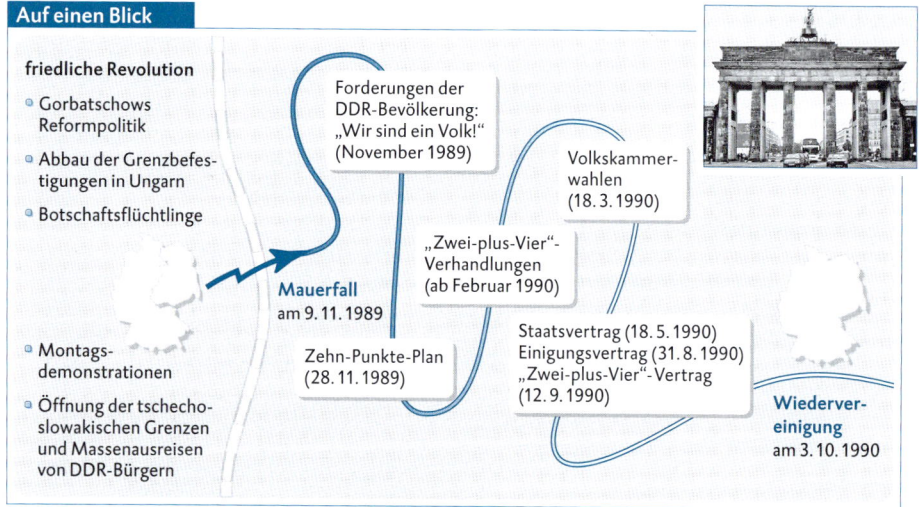

Auf einen Blick

friedliche Revolution

- Gorbatschows Reformpolitik
- Abbau der Grenzbefestigungen in Ungarn
- Botschaftsflüchtlinge

Forderungen der DDR-Bevölkerung: „Wir sind ein Volk!" (November 1989)

Volkskammerwahlen (18. 3. 1990)

„Zwei-plus-Vier"-Verhandlungen (ab Februar 1990)

Mauerfall am 9. 11. 1989

- Montagsdemonstrationen
- Öffnung der tschechoslowakischen Grenzen und Massenausreisen von DDR-Bürgern

Zehn-Punkte-Plan (28. 11. 1989)

Staatsvertrag (18. 5. 1990) Einigungsvertrag (31. 8. 1990) „Zwei-plus-Vier"-Vertrag (12. 9. 1990)

Wiedervereinigung am 3. 10. 1990

Friedliche Revolution und Mauerfall 1989

- 11. März 1985: **Wahl Gorbatschows** zum Generalsekretär der KPdSU → Reformversuche in der Sowjetunion (Glasnost: Offenheit und Transparenz sowie Perestroika: Umbau der wirtschaftlichen und politischen Strukturen des Landes) und internationale Friedenspolitik → **Auftrieb für oppositionelle Gruppen** im gesamten Ostblock
- Weigerung der DDR-Führung, Gorbatschows Reformen zu übernehmen
- Auswirkungen der Reformen in anderen Ostblockstaaten: vorsichtiger **Reformkommunismus in Ungarn** → 2. Mai 1989: Beginn mit **Abbau der Grenzbefestigungen** zu Österreich
- Besetzung der bundesrepublikanischen Botschaften in Prag, Budapest und Warschau sowie der Ständigen Vertretung der Bundesrepublik in Ostberlin durch **ausreisewillige DDR-Bürger**
- **Führungslosigkeit der DDR** wegen Krankheit des Parteichefs Erich Honecker → zunehmende Unruhe im Land
- 4. September 1989: erste **Montagsdemonstrationen** in Leipzig (Forderungen nach Reformen) und Formierung der Oppositionsbewegung **„Neues Forum"**
- 30. September 1989: Erlaubnis zur **Ausreise von Botschaftsflüchtlingen** wegen unhaltbarer Zustände in überfüllten Botschaften und wegen bevorstehender Feierlichkeiten zum 40-jährigen Staatsjubiläum der DDR, aber weiterhin Ablehnung von Reformen durch die DDR-Regierung
- ab 9. Oktober 1989: **friedliche Massendemonstrationen** in Leipzig und anderen ostdeutschen Städten für demokratische Reformen → 18. Oktober 1989: **Rücktritt Honeckers** (Nachfolger: Egon Krenz) → Ausbleiben der von Krenz angekündigten Wende
- 4. November 1989: **Öffnung der tschechoslowakischen Grenzen** für DDR-Bürger und **Großdemonstration** auf dem Alexanderplatz in Ostberlin → 7./8. November 1989: **Rücktritt der DDR-Regierung** und des gesamten Politbüros
- 9. November 1989: irrtümliche Verkündung der vollständigen Reisefreiheit durch Politbüromitglied Günter Schabowski auf einer Pressekonferenz → massenhafte Ausreise aus der DDR und **Fall der Berliner Mauer**

Weg zur Wiedervereinigung

- Verlust der Glaubwürdigkeit des antiimperialistischen und antifaschistischen Selbstverständnisses der DDR durch Grenzöffnung → **fehlende staatliche Legitimation** → Forderungen aus dem Volk nach Bildung eines Nationalstaats durch Wiedervereinigung
- Pläne zur langfristigen Realisierung einer deutschen Wiedervereinigung: **Zehn-Punkte-Plan** von Helmut Kohl und Vorstellungen der SED von einer „**Vertragsgemeinschaft**" → Niederlegung der bereits überholten Pläne unter dem Druck der Bevölkerung
- **Diskussion von Reformen innerhalb der DDR** („Runder Tisch"), aber zu wenig konkret, um Übersiedlungswelle aufzuhalten
- ab Februar 1990: **Konferenzen der Außenminister** der vier Siegermächte und der beiden deutschen Staaten („Zwei-plus-Vier") zur Regelung der außenpolitischen Aspekte der deutschen Einheit → nach anfänglichen Bedenken internationale Akzeptanz der Wiedervereinigung
- 18. März 1990: vorgezogene **Volkskammerwahlen** → schwere Niederlage für umbenannte PDS (Partei des Demokratischen Sozialismus) als Nachfolgepartei der SED und für „Neues Forum" (Konzept einer demokratischen, aber weiterhin unabhängigen DDR) → Wahlsieg der „**Allianz für Deutschland**": Legitimation der Wiedervereinigung durch DDR-Bevölkerung
- 18. Mai 1990: Festlegung der Details zur Wiedervereinigung im **Staatsvertrag**, z. B. Währungs-, Wirtschafts- und Sozialunion → Aufgabe der staatlichen Souveränität der DDR
- 31. August 1990: Abschluss der Wiedervereinigung durch **Einigungsvertrag** → Beschluss zum **Beitritt der DDR zur Bundesrepublik** am 3. Oktober 1990: DDR als Teil der Bundesrepublik
- 12. September 1990: Unterzeichnung des „**Zwei-plus-Vier**"-Vertrags als Ersatz für Friedensvertrag des Zweiten Weltkriegs: volle Souveränität für Deutschland und Bestätigung der deutschen Grenzen → weitere Entspannung zwischen Ost und West

Interessen und Konflikte

- November 1989: **Ablehnung einer Wiedervereinigung** durch die Mehrheit der politischen Handlungsträger in Deutschland sowie durch die ehemaligen Siegermächte → stattdessen Forderungen nach Demokratisierung innerhalb der DDR
- verstärktes Aufkommen der Parole „**Wir sind ein Volk!**" → Streben nach Wiedervereinigung in der DDR-Bevölkerung, v. a. wegen Wunsch nach Befriedigung materieller Bedürfnisse → Bitte der DDR-Regierung um Finanzhilfen an Regierung Kohl → **Unterstützung der Einheitsbestrebungen** durch Helmut Kohl, ABER **Widerstand der ehemaligen Kriegsgegner:**
  - **USA:** Zustimmung zum Prinzip der nationalen Selbstbestimmung, aber Forderung von Zugehörigkeit des wiedervereinigten Deutschland zur **NATO** ↔ Ablehnung durch die Sowjetunion
  - **Frankreich:** Furcht vor Verzögerung der (west-)europäischen Wirtschaftsintegration und vor Übermacht Deutschlands durch Wiedervereinigung
  - **Großbritannien:** Befürchtung einer deutschen Hegemonie in Europa und Gefährdung der eigenen „special relationship" zu den USA
  - **Polen:** Furcht vor Revision der Ostgrenzen → endgültiger Verzicht Deutschlands auf Gebiete östlich der **Oder-Neiße-Linie** als Bedingung für Wiedervereinigung → Zusicherung Helmut Kohls, einen Grenzvertrag mit Polen abzuschließen
  - **Sowjetunion:** Angst vor Wegfall eines Bündnispartners (DDR) und Widerstand gegen Zugehörigkeit Gesamtdeutschlands zu westlichem Verteidigungsbündnis
  → wirtschaftliche und finanzielle Hilfszusagen der Bundesregierung für ehemalige Ostblockstaaten → Umstimmung Gorbatschows → Abschluss des „**Zwei-plus-Vier**"-Vertrags

Auf einen Blick

Ursachen und Anlass

- Gegenreformation
  → konfessionelle und machtpolitische Auseinandersetzungen
- Streben der europäischen Herrscher nach Hegemonialstellung
- Anlass: Prager Fenstersturz 1618

Verlauf und europäische Dimension des Kriegs

- Böhmisch-Pfälzischer Krieg (1618–1623)
  → Rekatholisierungsmaßnahmen
- Niedersächsisch-Dänischer Krieg (1625–1629)
  → Restitutionsedikt 1629
- Schwedischer Krieg (1630–1635)
  → Prager Frieden 1635
- Schwedisch-Französischer Krieg (1635–1648)
  → Verständigung auf allgemeinen Friedenskongress 1641
  ▷ Westfälischer Frieden 1648

Begleiterscheinungen des Kriegs

- Verwüstung weiter Landstriche
- Plünderungen, Mord, Folter, Vergewaltigungen
- Hungersnöte und Seuchen
  → enorme Bevölkerungsverluste

Ursachen und Anlass

- konfessionelles Konfliktpotenzial des **Augsburger Religionsfriedens** von 1555 → **Gegenreformation:** Versuch, den Protestantismus im Heiligen Römischen Reich zurückzudrängen
- Versuch, das Kräfteverhältnis zwischen Landesfürsten und Kaiser zugunsten des Kaisers zu verschieben → zahlreiche **konfessionelle und machtpolitische Auseinandersetzungen**
- Gründung zweier feindlicher konfessioneller Bündnisse: **protestantische Union** unter Führung des pfälzischen Kurfürsten Friedrich IV. (1608) und **katholische Liga** unter Führung des bayerischen Herzogs Maximilian I. (1609)
- **Streben der europäischen Herrscher nach Hegemonialstellung** innerhalb Europas
- Versuch des böhmischen Königs Ferdinand (ab 1619 als Ferdinand II. römisch-deutscher Kaiser), die Gegenreformation durchzusetzen → Aufstand protestantischer Stände in Böhmen (**Prager Fenstersturz** 1618) und Wahl des protestantischen pfälzischen Kurfürsten Friedrich von der Pfalz zum neuen König → Beginn des **Dreißigjährigen Kriegs**

Verlauf und europäische Dimension des Kriegs

Böhmisch-Pfälzischer Krieg (1618–1623)

- **Sieg** des vom Kaiser beauftragten bayerischen Heers unter **Graf Tilly** über böhmische Protestanten und Besetzung der Pfalz → Flucht Friedrichs und Entzug der Kurfürstenwürde sowie der Oberpfalz (Belohnung für Maximilian I. von Bayern)
- umfangreiche **Rekatholisierungsmaßnahmen** in Norddeutschland durch katholische Liga

Niedersächsisch-Dänischer Krieg (1625–1629)

- 1625: **Hilfsgesuch** der norddeutschen protestantischen Fürsten an dänisch-norwegischen König Christian IV. = **Ausweitung** der regional begrenzten Krise **zu europäischem Krieg** → Bekämpfung der Protestanten durch zwei katholische Heere: Ligatruppen unter **Tilly** und Söldnerarmee des katholischen böhmischen Adligen und Feldherrn **Wallenstein** → Zurückdrängen der dänischen Truppen und Eroberung großer Teile Norddeutschlands durch Wallenstein

- 1629: kaiserliches **Restitutionsedikt** → Wiederherstellung zahlreicher geistlicher Fürstentümer in Norddeutschland bzw. Überführung in habsburgischen Besitz
- **Verweigerung der Durchführung des Edikts** durch katholische und protestantische Reichsfürsten wegen Machtausweitung des Kaisers und Wallensteins = **Ausweitung des konfessionellen Konflikts zu Machtkonflikt zwischen Kaiser und Reichsständen**

Schwedischer Krieg (1630–1635)
- 1630: wiederholte Hilfsgesuche der norddeutschen Fürsten und Zusicherung finanzieller Unterstützung Frankreichs (katholisch, aber Rivale der Habsburger wegen Angst vor habsburgischer Umklammerung)
- 1630: **Eintritt des protestantischen Schwedenkönigs Gustav Adolf in den Krieg** (offizielle Begründung des Eingreifens mit konfessioneller Solidarität, eigentlich aber schwedische Machtinteressen im Ostseeraum) → Vordringen des Schwedenheers bis nach Bayern und **Besetzung Augsburgs und Münchens** (1632)
- 1632: Tod Gustav Adolfs in der **Schlacht bei Lützen**, aber ohne kriegsentscheidende Wendung → Wiedereinsetzung des zuvor entlassenen Wallenstein als Feldherr, aber 1634 Ächtung und Ermordung wegen eigenmächtiger Verhandlungen mit Schweden
- 1634: entscheidender Sieg der kaiserlichen Truppen in der **Schlacht von Nördlingen** → Vertreibung der Schweden aus Süddeutschland durch kaiserliche Truppen
- 1635: Friedensvertrag des Kaisers mit fast allen Reichsfürsten (**Prager Frieden**) → Auflösung aller Bündnisse und Bildung einer gemeinsamen **Armee unter kaiserlicher Führung** sowie Entfernung ausländischer Truppen aus Deutschland und Aufhebung des Restitutionsedikts

Schwedisch-Französischer Krieg (1635–1648)
- **Eingreifen Frankreichs** aufseiten Schwedens in den Krieg **wegen Machtgewinn der Habsburger** (Unterstützung des Kaisers durch ebenfalls habsburgisch regiertes Spanien) → endgültige **Entwicklung** des Kriegs von Konfessionskrieg **zu gesamteuropäischem Machtkampf**
- 1641: Verständigung der Kriegsparteien auf allgemeinen Friedenskongress → 1643: **Friedenskongresse in Münster und Osnabrück** → 1648: **Westfälischer Frieden** als Abschluss des Dreißigjährigen Kriegs mit habsburgischem Kaiser als Verlierer

Zusammenfassung: Grundkonflikte des Dreißigjährigen Kriegs
- **konfessionelle Konflikte** zwischen Katholiken und Protestanten
- **machtpolitische Konflikte** zwischen Kaiser und Reichsständen
- **gesamteuropäische Konflikte** um die Machtverteilung in Europa

Begleiterscheinungen des Kriegs

- Versorgung und Besoldung der riesigen Heere durch den Staat unmöglich → **Verwüstung weiter Landstriche** im Reich von durchziehenden und plündernden Truppen
- **Belastungen für Bevölkerung** durch nachlassende Disziplin der Soldaten: Plünderungen, Mord, Folter und Vergewaltigungen
- rasche Ausbreitung von **Hungersnöten** und **Seuchen** wie der Pest → enorme **Bevölkerungsverluste** im Heiligen Römischen Reich → langfristige Belastung des Reichs durch den Dreißigjährigen Krieg: **Rückständigkeit** gegenüber anderen europäischen Großmächten

Auf einen Blick

Grundsätze und Zielsetzungen

▫ Kompromissfrieden als Garant für
  stabile europäische Friedensordnung
▫ konfessionelle Neuordnung
▫ Regelung des Verhältnisses
  von Kaiser und Reichsständen
▫ Bemühung um Befriedigung
  von Gebietsansprüchen

Regelungen und Beschlüsse

▫ **religiös:** offizielle Anerkennung der
  religiösen Spaltung
▫ **politisch:** Souveränität und Mitbestimmung
  für Reichsfürsten
▫ **territorial:** Gebietsgewinne für Schweden und
  Frankreich sowie für einzelne Territorien des Reichs

Folgen und Bedeutung

▫ Herstellen eines Mächtegleichgewichts,
  aber keine dauerhafte Befriedung Europas
▫ Ende des konfessionellen Zeitalters
▫ Westfälischer Frieden als Reichsgrundgesetz
▫ Gesandtenkongress mit Vorbildfunktion
  für internationale Konfliktbewältigung

Grundsätze und Zielsetzungen

• seit 1643: Friedensverhandlungen in **Münster** (Frankreich, katholische Mächte, kaiserliche
  Gesandte) und **Osnabrück** (Schweden, protestantische Mächte, kaiserliche Gesandte), aber
  währenddessen Andauern der Kämpfe → Ergebnis: **Westfälischer Frieden** von 1648
• Ziel: Abschluss eines **Kompromissfriedens** als Garant für stabile europäische Friedensordnung:
  – **Neuordnung des konfessionellen Nebeneinanders** durch neues religiöses Abkommen
  – **Regelung des Verhältnisses zwischen Kaiser und Reichsständen:** Wunsch Frankreichs
    und Schwedens nach Schwächung der Habsburger zugunsten der Reichsstände, ABER Streben
    der Reichsstände nach Machtbalance zwischen Kaiser und Reich aus Furcht vor zu starkem
    Frankreich oder Schweden → Maßnahmen, um Missbrauch kaiserlicher Macht zu verhindern
  – Bemühung um **Befriedigung der Gebietsansprüche** aller beteiligten Mächte
• Ausklammern der Kriegsschuldfrage, stattdessen allgemeine **Amnestie** als Grundlage
• **europäische Dimension:** Verhandlungen zwischen deutschen Reichsständen und dem Kaiser,
  aber auch zwischen Vertretern des Kaisers und Gesandten Frankreichs und Schwedens → Frankreich und Schweden als Garantiemächte des Friedensvertrags

Regelungen und Beschlüsse

Religiöse Bestimmungen

• Regelung der ungeklärten Fragen des Augsburger Religionsfriedens von 1555: Anerkennung des
  Calvinismus als reformierte Konfession neben der katholischen und der evangelisch-lutherischen
  → weitgehende **Entschärfung der konfessionellen Gegensätze**
• **Aufhebung** des Grundsatzes „**cuius regio eius religio**" → Recht auf private Religionsaus-
  übung bei vom Landesherrn abweichender Konfessionszugehörigkeit
• Festlegung eines „**Normaljahrs**" 1624: Wiederherstellung aller konfessionellen Rechte und
  Besitzverhältnisse von 1624 für Protestanten mit katholischem Landesherrn sowie Katholiken
  mit protestantischem Landesherrn (Kompromisslösung)

- **Verbot** für Regierungen, **in Gewissensfreiheit** des Einzelnen **einzugreifen** → bei Verstoß, Möglichkeit vor Gericht zu gehen
- **„itio in partes":** Zwang zur Einstimmigkeit auf dem Reichstag bei religiösen Fragen
- **Verankerung der religiösen Spaltung in der Reichsverfassung:** paritätische Besetzung der Reichsinstitutionen mit Katholiken und Protestanten/Calvinisten

Politische Bestimmungen

- **Übertragung der Kurwürde des Pfalzgrafen an Maximilian I. von Bayern** (1623) und seine Nachfahren (1628) → Wiederaufnahme des Pfalzgrafen in den Kreis der Kurfürsten (statt sieben nun acht Kurfürsten)
- **Mitbestimmung der Reichsstände** in allen Angelegenheiten des Reichs („Immerwährender Reichstag")
- volle **Souveränität der Reichsfürsten** in weltlichen und geistlichen Dingen
- Recht der Reichsstände, **Bündnisse mit ausländischen Mächten** zu schließen (Ausnahme: Bündnisse gegen Kaiser und Reich)
- **„Antiprotestklausel":** Vorrang der Friedensvereinbarungen vor allen anderen Rechten
- **Ewigkeitsklausel:** ewige Gültigkeit des Friedensschlusses, um späteren Einspruch zu verhindern

Territoriale Bestimmungen

- **Gebietsgewinne** im Heiligen Römischen Reich für Frankreich und Schweden:
  - **Schweden:** Stützpunkte an Nord- und Ostsee, v. a. in Pommern; ehemalige Erzbistümer Bremen und Hamburg sowie Bistum Verden als säkulares Herzogtum (Reichslehen) → schwedischer König als ein Fürst des Reichs
  - **Frankreich:** Gebietsgewinne bis zur Rheingrenze: Bistümer Metz, Toul, Verdun sowie die Vogtei über zehn Reichsstädte im Elsass → Möglichkeit zur Einflussnahme im Reich
- Gebietsgewinne für **Bayern, Sachsen und Brandenburg**
- vollständige **Unabhängigkeit der Niederlande und der Schweiz**

Folgen und Bedeutung

keine dauerhafte und universelle Befriedung Europas, dennoch von großer historischer Bedeutung:

- **Ende des konfessionellen Zeitalters**
- Weiterbestehen der **Staatenvielfalt** innerhalb Deutschlands bis 1806
- dauerhafte europäische Friedensordnung gleichrangiger Staaten (Dreißigjähriger Krieg als „Staatsbildungskrieg") → erstmaliges Vorhandensein eines **Mächtegleichgewichts** in Europa
- entscheidender Beitrag zur **Entwicklung des Völkerrechts:** Konfliktlösung nicht auf militärischem, sondern auf dem Verhandlungsweg
- Abschaffung der gottgewollten Universalherrschaft mit Kaiser und Papst an der Spitze → stattdessen **Prinzip der Souveränität und Gleichrangigkeit** aller europäischen Staaten
- Streitschlichtung zwischen Konfessionen und **freie Wahl der Konfessionszugehörigkeit**
- Beantwortung strittiger Verfassungsfragen zwischen Kaiser und Reichsständen (Westfälischer Frieden als **Reichsgrundgesetz**) und Etablierung zukunftsweisender Institutionen (Reichstag, Reichskammergericht)
- wegweisende Verhandlungsführung in Münster und Osnabrück in Form eines **internationalen Gesandtenkongresses** mit strengem Protokoll und festen Regeln → Westfälischer Frieden bis zum Wiener Kongress 1814/15 als **Vorbild internationaler Konfliktbewältigung**

Auf einen Blick

Ursachen und Anlass

- grundsätzliche Veränderungen durch Französische Revolution
- Pillnitzer Deklaration (27.8.1791)
- ab 1805: napoleonische Macht-und Eroberungspolitik

Verlauf und europäische Dimension des Kriegs

- Koalitionskriege (1792–1809)
  - ➤ Ausdehnung der napoleonischen Herrschaft über ganz Westeuropa
  - ➤ Kontinentalsperre gegen Großbritannien (ab 1805)
  - ➤ Gründung des Rheinbunds (1806) und Ende des Heiligen Römischen Reichs
- Befreiungskriege (1813–1815) nach gescheitertem Russlandfeldzug Napoleons
  - ➤ endgültiger Sieg der Koalition über Napoleon in der Schlacht von Waterloo (Juni 1815)

Begleiterscheinungen des Kriegs

- territoriale „Flurbereinigung" durch Säkularisation und Mediatisierung
- Ausbreitung des Code civil
- preußische Reformen
- Entstehung der deutschen Nationalbewegung

Ursachen und Anlass

- **Ursachen:** Gegensatz zwischen Französischer Revolution (grundlegende Veränderung der politischen und gesellschaftlichen Strukturen) und konservativen Mächten des alten Europa → **Pillnitzer Deklaration** vom 27. August 1791: Unterstützungserklärung Österreichs und Preußens an den entmachteten französischen König Ludwig XVI.
- **Anlass:** Ausrufung der Republik durch den Nationalkonvent in Frankreich → Radikalisierung der Revolution → 10. April 1792: **Kriegserklärung Frankreichs** an Österreich

Verlauf und europäische Dimension des Kriegs

- **Erster Koalitionskrieg** 1792–1797: Kampf Frankreichs gegen Koalition aus Österreich, Preußen, England, Spanien und kleineren deutschen Staaten → Sieg Frankreichs → **Friede von Campo Formio** 1797: Abtretung linksrheinischer Gebiete an Frankreich und Ausbau des französischen Satellitensystems durch Tochterrepubliken
- **Zweiter Koalitionskrieg** 1799–1802: Anfangserfolge der Verbündeten, dann Errichtung einer Militärdiktatur durch **Napoleon Bonaparte** (1799) und Siege Frankreichs → **Friede von Lunéville** 1801 (Bestätigung der Bedingungen von Campo Formio) und **Friede von Amiens** 1802 (britischer Verzicht auf alle kolonialen Eroberungen gegen französische Aufgabe von Ägypten)
- **Dritter Koalitionskrieg** 1805:
  - Kapitulation der österreichischen Armee und Einzug Napoleons in Wien
  - 21. Oktober 1805: **Seeschlacht bei Trafalgar** mit Sicherung der britischen Seeherrschaft → **Kontinentalsperre** Napoleons: Verbot für europäische Staaten, mit Großbritannien Handel zu treiben (weitestgehend erfolglos)
  - 2. Dezember 1805: **Dreikaiserschlacht** bei Austerlitz mit glänzendem Sieg Napoleons → **Friede von Preßburg** 1805: Gebietsverluste Österreichs an Italien, Bayern, Baden und Württemberg und Ausbau von Napoleons Vorherrschaft in Europa

→ Gründung des **Rheinbunds** 1806 (bis 1811 Anschluss aller deutschen Staaten außer Preußen, Österreich und Kurhessen) und Ende des Heiligen Römischen Reichs deutscher Nation durch **Abdankung des Kaisers** Franz II.

- **Vierter Koalitionskrieg** 1806/07: Aufbegehren Preußens gegen französische Vorherrschaft → Kriegserklärung Preußens, aber baldiger **Zusammenbruch bei Jena und Auerstedt** → **Friede von Tilsit** 1807 mit Einteilung Europas in französische und russische Interessenssphäre: Gründung des Königreichs Westfalen (Regent: Jérôme Bonaparte)
- **Fünfter Koalitionskrieg** 1809 wegen Erhebung Österreichs → Niederlage Österreichs und Ernennung Metternichs zum Außenminister → Anlehnung an Napoleon → **Einbindung Preußens und Österreichs** in napoleonisches System
- **Sechster Koalitionskrieg** 1813 als Beginn der **Befreiungskriege** nach Scheitern von Napoleons Russlandfeldzug → Auflösung des Rheinbunds → kriegsentscheidender Sieg der Koalition in der **Völkerschlacht bei Leipzig** (Oktober 1813) → Abdankung und Verbannung Napoleons auf **Elba** (April 1814) → Aushandlung des **Ersten Pariser Friedens:** Verzicht Frankreichs auf alle Eroberungen Napoleons und Rückkehr zu den Grenzen von 1792
- **Siebter Koalitionskrieg** 1815 gegen zurückgekehrten Napoleon („Herrschaft der Hundert Tage") → endgültiger militärischer Sieg der Koalition in der Schlacht von **Waterloo** (Juni 1815) → Verbannung Napoleons auf **Sankt Helena** und Festlegung von Gebietsabtretungen sowie Reparationszahlungen für Frankreich im **Zweiten Pariser Frieden**

Begleiterscheinungen des Kriegs

- **Säkularisation** (Enteignungen von geistlichen Fürstentümern und Überführung von geistlichen Gebieten in weltliche Staaten) und **Mediatisierung** (Integration von freien Reichsstädten sowie Klein- und Kleinststaaten in größere Territorien) → **Reichsdeputationshauptschluss** 1803: Entschädigung der Fürsten für Abtretungen der linksrheinischen Gebiete → Umgestaltung des Reichs durch **territoriale „Flurbereinigung"**
- Übernahme des napoleonischen **Code civil** durch die Rheinbundstaaten → Umwandlung des feudalen Ständestaats in liberalen Bürgerstaat durch verschiedene Reformmaßnahmen:
  - **Gleichheit** aller Bürger **vor dem Gesetz** und öffentliche Gerichtsverfahren
  - Freiheit des Individuums und **Gewerbefreiheit**
  - Einführung der **Zivilehe** → Trennung von Staat und Kirche
- militärischer **Zusammenbruch Preußens** 1806/07 → Durchführung umfassender politischer, gesellschaftlicher und wirtschaftlicher Reformen zur Überwindung der bisherigen Rückständigkeit durch die leitenden Minister Karl Freiherr vom und zum Stein und Karl August Freiherr von Hardenberg („Revolution von oben"):
  - **Oktoberedikt** 1807: Aufhebung der Erbuntertänigkeit der Bauern (**Bauernbefreiung**)
  - **Heeresreform** 1807–1814: Umwandlung der bestehenden Söldnerarmee in ein Volksheer mit verpflichtendem Militärdienst
  - **Bildungsreform** ab 1809: allgemeine Schulpflicht an staatlichen Schulen
  - **Gewerbefreiheit** 1810: Beseitigung des Zunftzwangs
  - **Städteordnung** mit mehr Selbstverwaltung für größere Gemeinden
  - **Emanzipationsedikt** von 1812: Gewährung von bürgerlichen Rechten für Juden
- enorme **Opferzahlen** bei Napoleons Feldzügen (im Vergleich zur Gesamtbevölkerung sogar höher als im Ersten Weltkrieg)
- Entstehung der **deutschen Nationalbewegung** im Zuge der diktatorischen Herrschaft Napoleons und der Befreiungskriege

Auf einen Blick

Grundsätze und Zielsetzungen

▫ Neuordnung Europas
▫ europäisches Mächtegleichgewicht (Pentarchie)
▫ Leitgedanken: Restauration,
  Legitimität und Solidarität

Folgen und Bedeutung

▫ Stabilisierung der Fürstenherrschaft
▫ Herstellung eines Mächtegleichgewichts
▫ preußisch-österreichischer Dualismus
▫ Geburtsstunde der modernen Diplomatie
▫ langjährige Gewährleistung eines
  europäischen Friedens

Regelungen und Beschlüsse

▫ Gebietsgewinne für Preußen,
  Österreich und Russland
▫ Festigung von Großbritanniens
  See-und Handelsmacht
▫ Frankreich als gleichberechtigter Verhand-
  lungspartner trotz Kriegsniederlage
▫ Gründung des Deutschen Bunds

Grundsätze und Zielsetzungen

- **Neuordnung Europas** nach den Koalitionskriegen gegen Napoleon und **Wiederherstellung der vorrevolutionären Verhältnisse**
- **Ablauf:** kein Zusammentreffen aller Teilnehmer, stattdessen bi- und multilaterale Gespräche
- **Ziele** der beteiligten Herrscher und ihrer diplomatischen Vertreter:
  - **Österreich** (Kaiser Franz I., Außenminister Metternich): Rückgewinnung des an Frankreich verlorenen **Territoriums**, nur lockerer Zusammenschluss der deutschen Staaten und Stärkung der konservativen Kräfte in Europa
  - **Russland** (Zar Alexander I., Graf von Nesselrode): Gewinnung von möglichst großem **Einfluss in Mitteleuropa** (Ansprüche auf ehemaliges Polen) und Stärkung der konservativen Kräfte
  - **Preußen** (König Friedrich Wilhelm III., Karl August von Hardenberg): Rückgewinnung des verlorenen Territoriums, **Einverleibung Sachsens** (Einspruch Österreichs, Frankreichs und Großbritanniens wegen Gefährdung des Mächtegleichgewichts) und Hegemonie Preußens
  - **Frankreich** (König Ludwig XVIII., Außenminister Talleyrand): gleichberechtigte **Anerkennung als Großmacht** (durch Betonung des Grundsatzes der Legitimität und Zusammenarbeit mit kleinen und mittleren Mächten), möglichst geringe Gebietsabtretungen sowie Verhinderung eines deutschen Nationalstaats
  - **Großbritannien** (König George III., Viscount Castlereagh): kontinentales Mächtegleichgewicht („**Balance of power**") und Beibehaltung der Kolonialgebiete sowie der Seeherrschaft
- **Leitgedanken** der Großmächte:
  - **Restauration:** Wiederherstellung der vorrevolutionären politischen und sozialen Ordnung, ABER: kein Verzicht auf Gebietsgewinne und Rangerhöhungen
  - **Legitimität:** Herrschaftsbefugnis aus überliefertem dynastischen Recht und Gottesgnadentum
  - **Solidarität:** gemeinsamer Kampf der Fürsten gegen revolutionäre Umtriebe
  - → **Heilige Allianz** (1815): konservatives Bündnis auf Grundlage christlicher Prinzipien zwischen Russland, Österreich und Preußen zur **Unterdrückung revolutionärer Bewegungen** mithilfe des Interventionsrechts (später Beitritt aller europäischen Mächte außer Großbritannien, dem Vatikan und dem Osmanischen Reich)

Regelungen und Beschlüsse

Territoriale Bestimmungen

- Bestätigung Frankreichs in den Grenzen von 1792 → weitgehende Akzeptanz Frankreichs als **gleichberechtigter Verhandlungspartner** trotz Kriegsniederlage (keine Aufteilung der Verhandlungspartner in Sieger und Besiegte trotz gegen Frankreich gerichteter Quadrupelallianz)
- Festigung von Großbritanniens **See- und Handelsvormacht** durch **koloniale Zugewinne** und Einfluss auf Entwicklung in Deutschland (Regierung des Königreichs Hannover in Personalunion)
- **Russland als größte europäische Landmacht** durch Verbindung mit Herzogtum Warschau als „Kongresspolen" (Personalunion): russischer Zar gleichzeitig polnischer König
- **Gebietsgewinne für Preußen:** Rheinland, Teile Westfalens, nördliches Sachsen und Posen → **„Hineinwachsen"** nach Deutschland
- **Gebietsgewinne für Österreich:** Lombardei und Venedig, dafür Verzicht auf Besitzungen in Südwestdeutschland → **„Herauswachsen"** aus Deutschland und Entwicklung zu Vielvölkerstaat
- nahezu uneingeschränkter **Erhalt der deutschen Klein- und Mittelstaaten** als Gegengewicht zu Österreich und Preußen

Deutschlandspezifische Bestimmungen

- Gründung des **Deutschen Bunds** (1815) als lockere Verbindung von 35 Fürstentümern und vier Freien Städten (Bundestag unter der Oberaufsicht Österreichs als einziges Bundesorgan) → keine Beseitigung des **Partikularismus** → Enttäuschung der Hoffnung vieler deutscher Patrioten auf deutschen Nationalstaat
- auch **Mitgliedschaft ausländischer Herrscher** im Deutschen Bund, z. B. Könige Großbritanniens (Personalunion mit Hannover) und Dänemarks (Herzog von Holstein) ↔ **Ausschluss der nichtdeutschen Gebiete** Preußens und Österreichs
- Deutscher Bund als **Bollwerk gegen Liberalismus, Demokratie und Einheitsstreben** sowie Mittel zur Wahrung des europäischen Gleichgewichts und der Fürstenherrschaft

Rechtliche Bestimmungen

- Erklärung der großen **Flüsse** Europas zu **freien Handelswegen** → Verwaltung und Besteuerung durch multinationale Institutionen
- **Ächtung des Sklavenhandels** auf Betreiben Großbritanniens

Folgen und Bedeutung

- trotz **Stabilisierung der Fürstenherrschaft** und Wiederherstellung der vorrevolutionären Verhältnisse enorme Anstrengungen von restaurierten Staaten nötig, um bürgerliche **Freiheitsideen** zu **unterdrücken**
- statt Revanche Herstellung eines **Mächtegleichgewichts (Pentarchie)** zwischen den fünf europäischen Großmächten Österreich, Frankreich, Russland, Großbritannien und Preußen, allerdings um den Preis der Unterdrückung der Volksbewegungen
- Entstehung des **preußisch-österreichischen Dualismus** durch territoriale Veränderungen Preußens und Österreichs → richtungsweisend für spätere Lösung der deutschen Frage
- Einigung auf Kongresssystem mit jährlichen Treffen → Versuch der Schaffung einer permanenten multilateralen Diplomatie zur völkerrechtlichen Verständigung und Wahrung des Friedens in Europa → Wiener Kongress als **Geburtsstunde der modernen Diplomatie**
- langjährige **Gewährleistung eines europäischen Friedens** durch Mächtegleichgewicht und friedliche Kooperation bis zum Ausbruch des Krimkriegs 1853

Auf einen Blick

Ursachen und Anlass

- imperialistische Welt-machtpolitik
- latente Kriegsbereit-schaft in Deutschland und Österreich
- Anlass: Attentat auf öster-reichischen Thronfolger und seine Frau in Sarajevo (28. 6. 1914) → Julikrise

Verlauf und globale Dimension des Kriegs

- Stellungskrieg und „Materialschlachten"
- „Abnutzungsschlachten" (Verdun, Somme)
- See- und U-Boot-Krieg
- 1917: Kriegseintritt der USA
- Waffenstillstand (11. 11. 1918)

Begleiterscheinungen des Kriegs

- Technisierung → Einsatz neuer Waffen (Giftgas) → enorme Opferzahlen
- erster „totaler Krieg": Mobilisierung der Zivilbevölkerung
- Sturz der alten Monarchien
- USA und Sowjetunion als entscheidende Mächte des 20. Jahrhunderts

Ursachen und Anlass

- **Ursachen:** imperialistische Weltmachtpolitik, übersteigerter Nationalismus, Wettrüsten und Balkankrisen („Pulverfass" Balkan) → **latente Kriegsbereitschaft** aller europäischen Groß-mächte → Verschärfung durch die deutsche Führung
- **Gefühl der „Einkreisung"** in Deutschland und Österreich → Bereitschaft zu Präventivkrieg
- **Schlieffenplan** für den Fall eines Zweifrontenkriegs → Drängen der Militärführung auf frühen und überraschenden Kriegsbeginn → Erfolglosigkeit aller Vermittlungsversuche in der Julikrise
- **Anlass: Attentat auf österreichischen Thronfolger** Franz Ferdinand und seine Frau durch serbische Nationalisten in Sarajevo (28. Juni 1914) → Beginn der **Julikrise** mit Zusicherung der bedingungslosen Unterstützung Deutschlands gegenüber Österreich (**„Blankoscheck"**) → Konfrontationskurs Österreichs gegenüber Serbien → gegenseitiges Stellen von **Ultimaten** durch die Großmächte → Kriegserklärung Österreichs an Serbien (28. Juli 1914) → weitere **Kriegserklärungen** durch Bündnismechanismus (keine Bereitschaft des deutschen Kaiser-reichs, Bündnismechanismus zu stoppen und Krise auf Balkan zu begrenzen)

Verlauf und globale Dimension des Kriegs

- Kriegsteilnehmer: **Mittelmächte** des Dreibunds Deutschland, Österreich-Ungarn und Italien (später noch Türkei und Bulgarien) **gegen Ententemächte** Russland, Frankreich, Großbritan-nien und Serbien (später Italien, Rumänien, die USA und Japan)
- Rückgriff der deutschen Heeresführung auf **Schlieffenplan** zur Vermeidung eines Zweifronten-kriegs: **Vorstoß durch neutrales Belgien** und Luxemburg, um französische Grenzbefesti-gungen zu umgehen und Paris einzuschließen (Plan, frei werdende Truppen im Westen rasch an bisher nur defensiv verteidigte Ostfront zu bringen, um gegen Russland vorzugehen) → **Kriegs-erklärung Großbritanniens** als Garantiemacht für Belgiens Neutralität

Westfront

- September 1914: Scheitern des Schlieffenplans in der **Marne-Schlacht** → Erstarrung des Bewegungskriegs zu **Stellungskrieg** mit Schützengräben und minimalen Landgewinnen

- Scheitern von groß angelegten Offensiven („**Materialschlachten**") der Deutschen bzw. der Alliierten → 1916: monatelange Kämpfe („**Abnutzungsschlachten**") um die Festung **Verdun** und an der **Somme** mit enormen Opferzahlen auf beiden Seiten

Ostfront
- Schlacht von **Tannenberg** in Ostpreußen und Schlacht an den Masurischen Seen (1914): Zurückdrängen der Russen durch General **Hindenburg** und seinen Stabschef **Ludendorff**
- 1915: Erfolge der Mittelmächte in Offensiven an der Ostfront, aber keine kriegsentscheidende Wende → Entwicklung des Bewegungskriegs zu **Stellungskrieg**
- 3. März 1918: Abschluss des **Friedens von Brest-Litowsk** mit Russland als Folge der **russischen Oktoberrevolution** (Waffenstillstand bereits Ende 1917): Gebietsverzichte (z. B. auf Litauen und Polen) und Anerkennung der Unabhängigkeit von Finnland und der Ukraine

Seekrieg
- deutsche Hochseeflotte zu kostbar für Entscheidungsschlacht (einzige größere **Seeschlacht im Skagerrak** 1916 ohne Entscheidung) → uneingeschränkter, aber letztlich erfolgloser **U-Boot-Krieg** zur Durchbrechung der britischen **Seeblockade** → Abbrechen der diplomatischen Beziehungen der USA zu Deutschland wegen Angriffen auf neutrale Passagierschiffe
- 6. April 1917: **Kriegseintritt der USA** aufseiten der Entente (vorher Unterstützung durch Kredite an Großbritannien) → **Kriegswende** durch personelle und materielle Überlegenheit der Ententemächte

Kriegsende
- Scheitern der deutschen Frühjahrsoffensive 1918
- August 1918: endgültige **militärische Niederlage** durch erfolgreichen Panzerangriff der Entente bei **Amiens** → Aufforderung der Obersten Heeresleitung (OHL) an Regierung, Waffenstillstandsverhandlungen aufzunehmen, um Zusammenbruch des Heers zuvorzukommen → Unterzeichnung des **Waffenstillstands** in Eisenbahnwaggon bei Compiègne (11. November 1918)

Begleiterscheinungen des Kriegs

- Ausrufung des „**Burgfriedens**" der Parteien (1914): Zurückstellen aller inneren Streitigkeiten → Zerbrechen des „Burgfriedens" 1916 an Streit um Siegfrieden mit weitreichenden Gebietsforderungen (v. a. Alldeutscher Verband) oder Verständigungsfrieden (SPD)
- neue Dimension des Kriegs durch **Technisierung** und bis dahin ungekannten Einsatz von Waffen (**Giftgas**, Panzer, schwere Artillerie, Flugzeuge, U-Boote, Maschinengewehre) → immens **hohe Verluste** sowie Zerstörung und Verwüstung der Kampfgebiete
- Mobilisierung der **Zivilbevölkerung** in der Heimat (erster „**totaler Krieg**") und Zunahme der Kriegsentbehrungen im Deutschen Reich („**Steckrübenwinter**") → hohe Zahl an Todesopfern durch Unterernährung
- Einsatz von **Propaganda**, um Bevölkerung gegen den Feind aufzuhetzen
- Zurücktreten der Politik hinter das Militär → Etablierung einer Art **Militärdiktatur** durch die OHL um Hindenburg und Ludendorff
- Zusammenbruch der alten monarchischen Ordnungen
- Erster Weltkrieg als „**Urkatastrophe des 20. Jahrhunderts**"
- Entwicklung der **USA** und der **Sowjetunion** zu entscheidenden Mächten des 20. Jahrhunderts

Auf einen Blick

Grundsätze und Zielsetzungen

- Frankreich: dauerhafte Schwächung Deutschlands
- USA: kollektive Friedenssicherung
- Großbritannien: „Balance of Power"
- Aushandlung ohne deutsche Beteiligung („Diktatfrieden")

Regelungen und Beschlüsse

- **territorial:** Verlust von ca. 13 % des deutschen Staatsgebiets
- **militärisch:** Beschränkung des Berufs- heers und Verbot der Wehrpflicht
- **politisch:** „Kriegsschuldartikel"
- **wirtschaftlich:** hohe Reparationsforderungen

Folgen und Bedeutung

- Empörung und Ablehnung als „Schandvertrag"
- rechte Hetze gegen Weimarer Republik: „Kriegsschuldlüge", Dolchstoßlegende
- Revisionskonsens
- Instabilität des Friedensschlusses

Grundsätze und Zielsetzungen

- 18. Januar 1919: Zusammentreten von Delegationen aus 32 Ländern (ohne Vertreter der Verlie- rerstaaten und in Bürgerkriegswirren verstricktes Russland) zur **Pariser Friedenskonferenz** → „Rat der Vier" (USA, Großbritannien, Frankreich und Italien) als Hauptentscheidungsträger
- zentrale **Themen:** politische Neuordnung Europas, Umgang mit dem besiegten Deutschen Reich
- **Ziele** der wichtigsten Siegermächte:
  - **Frankreich** (Clemenceau): Gewährleistung der eigenen Sicherheit → **dauerhafte Schwächung Deutschlands**, Wiedergutmachung für erlittene Kriegsschäden, eigene Hegemonie in Europa und Stärkung Polens gegen Deutschland und Russland
  - **USA** (Wilson): **kollektive Friedenssicherung** durch Einrichtung eines Völkerbunds (Teil des 14-Punkte-Programms von Wilson), Rückzahlung der an die Alliierten vergebenen Kriegs- kredite, Erhaltung Deutschlands als Gegengewicht zu bolschewistischem Russland
  - **Großbritannien** (Lloyd George): **„Balance of Power"** gegen französische Hegemonie → nur geringe Schwächung Deutschlands, um Gegengewicht zum revolutionären Russland zu bilden
  - → letztlich abgeschlossener Vertrag stark von französischen Vorstellungen geprägt
- 28. April 1919: Gründung des **Völkerbunds** zur Abrüstung und friedlichen Konfliktlösung
- **Aushandlung** des Vertrags von alliierten Siegermächten in Versailles **ohne deutsche Beteili- gung** → 28. Juni 1919: Zwang der deutschen Delegation zur Unterzeichnung im Spiegelsaal von Versailles → Drohung mit Einmarsch alliierter Truppen und Besetzung ganz Deutschlands bei Weigerung (**„Diktatfrieden"**)
- 10. Januar 1920: Inkrafttreten des **Versailler Vertrags**

Regelungen und Beschlüsse

Territoriale Bestimmungen
- Abtretung eines Großteils der Provinzen **Westpreußen** und **Posen**, kleinerer Teile von **Ost- preußen** und **Hinterpommern** sowie **Ostoberschlesien** (nach Volksabstimmung) an Polen → Abtrennung Ostpreußens durch polnischen „Korridor" vom Reich

- Erklärung **Danzigs** zur „Freien Stadt" unter Schutz des Völkerbunds
- Abtretung des **Hultschiner Ländchens** an die Tschechoslowakei und Unterstellung des **Memelgebiets** unter Völkerbundsmandat (ab 1923 zu Litauen, ab 1924 Autonomiestatus)
- Rückgabe **Elsass-Lothringens** an Frankreich und Abtretung **Eupen-Malmedys** an Belgien
- Unterstellung des **Saargebiets** für 15 Jahre unter Völkerbundsmandat (Verfügungsgewalt über Kohlegruben für Frankreich), anschließend Volksabstimmung
- **Entmilitarisierung des Rheinlands:** militärische Kontrolle des linksrheinischen Gebiets durch Frankreich
- Angliederung **Nordschleswigs** nach Volksabstimmung an Dänemark
- Verlust sämtlicher **Kolonien** und **Vereinigungsverbot** mit Österreich
→ Verlust von ca. 13 % des deutschen Staatsgebiets und ca. 10 % der Bevölkerung

Militärische Bestimmungen
- **Beschränkung des Berufsheers** auf 100 000 Mann sowie der Marine auf 15 000 Mann und **Verbot der Wehrpflicht**
- **Verlust der Luftstreitkräfte**, schwerer Waffen, Schlachtschiffe und U-Boote
- **Entmilitarisierung des Rheinlands** in einem Streifen 50 Kilometer östlich des Rheins
- **Besatzung** der Gebiete um Aachen, Koblenz, Köln, Trier und Mainz

Politische und wirtschaftliche Bestimmungen
- Artikel 231 (**„Kriegsschuldartikel"**): Zuweisung der alleinigen Kriegsschuld an Deutschland und seine Verbündeten
- hohe **Reparationsforderungen** der Siegermächte an Deutschland:
  - **Sachleistungen:** Handelsschiffe, Lokomotiven, Maschinen, ein Viertel der Fischfangflotte, Vieh, Kohle usw.
  - **Geldzahlungen** in Höhe von 269 Milliarden Goldmark in 42 Jahresraten (Festlegung auf der Konferenz von Boulogne 1920) → Abänderung der Höhe in mehreren Abkommen, 1932 endgültige Aufhebung der Reparationen
→ Androhung **harter Strafen** (u. a. Besetzung des Lands) **bei Nichterfüllung** der Wiedergutmachungsleistungen

Folgen und Bedeutung

- **Empörung** und einhellige **Ablehnung** des Vertrags (v. a. des „Kriegsschuldartikels") von weiten Teilen der Bevölkerung sowie der Regierung wegen Härte der Bestimmungen (**„Schandvertrag"**, „Gewaltfrieden") → **Verunglimpfung der Unterzeichner** von rechten Republikgegnern als „Erfüllungspolitiker"
- Instrumentalisierung des als nationale Schande empfundenen Vertrags für **rechte Hetze** gegen Weimarer Republik (**„Kriegsschuldlüge"**) → Bezeichnung von Demokraten und Republikanern als „Novemberverbrecher", die durch Revolution und Friedensverhandlungen dem siegreichen deutschen Heer in den Rücken gefallen seien (**Dolchstoßlegende**)
- **Revisionskonsens:** Revision des Versailler Vertrags als parteienübergreifendes Hauptziel künftiger deutscher Außenpolitik
- **Schwächung der deutschen Wirtschaftskraft** durch hohe Reparationen
- Versailler Vertrag als ein Grund für späteres **Scheitern der Weimarer Republik**
- Gegensatz zum Westfälischen Frieden und zum Wiener Kongress: **Instabilität des Friedensschlusses** → Zwischenkriegszeit (1919–1938) nur Atempause, keine wirkliche Friedensphase

Auf einen Blick

Ursachen und Anlass

- NS-Rassenideologie und „Lebensraumpolitik"
- Sozialdarwinismus
  → „Kampf ums Dasein"
- aggressive und expansive Außenpolitik Hitlers
- Anlass: deutscher Überfall auf Polen (1. 9. 1939)

Verlauf und globale Dimension des Kriegs

- „Blitzkriege" der ersten Kriegsphase (1939–1941)
  → Eroberung Polens, Dänemarks, Norwegens und Frankreichs
- Kriegswende (1941–1943)
  → Kriegseintritt der USA
  → Kapitulation der 6. Armee in Stalingrad
- Totale Niederlage 1944/45
  → „Schlacht um Berlin" und bedingungslose Kapitulation

Begleiterscheinungen des Kriegs

- „Weltanschauungs-" und Vernichtungskrieg
- „totaler Krieg" mit Einbeziehung der Zivilbevölkerung
- enorme Opferzahlen

Ursachen und Anlass

- **NS-Rassenideologie:** Wunsch Hitlers nach **Eroberung von „Lebensraum"** im Osten für „arische Herrenrasse" → Vertreibung, Ausbeutung und Vernichtung der dort lebenden, von den Nationalsozialisten als „minderwertig" angesehenen Bevölkerung
- **Sozialdarwinismus mit „Kampf ums Dasein"** und „Recht des Stärkeren" → Krieg als natürliches Mittel der Politik
- ab 1933: **Kriegsvorbereitungen** (Wiedereinführung der Wehrpflicht 1935 und Aufrüstung) und Expansionspolitik ab 1938 („Anschluss" Österreichs und des Sudetenlands, Zerschlagung der „Rest-Tschechei") → **Appeasement-Politik** der Westmächte → Ermutigung Hitlers zu weiteren Eroberungen
- **Anlass:** deutscher **Überfall auf Polen** am 1. September 1939 nach fingierten Grenzzwischenfällen → Kriegserklärungen Frankreichs und Großbritanniens an das Deutsche Reich (3. September 1939), zunächst ohne Eröffnung einer Westfront („Sitzkrieg")

Verlauf und globale Dimension des Kriegs

„Blitzkriege" der ersten Kriegsphase (1939–1941)

- September 1939: **Sieg der Wehrmacht** über Polen innerhalb von nur drei Wochen → **Aufteilung Polens** zwischen Hitler und Stalin gemäß dem Hitler-Stalin-Pakt: Eingliederung von Danzig, Posen, Westpreußen und Oberschlesien ins Reich und Bildung des „Generalgouvernements"
- April 1940: militärische **Besetzung Dänemarks und Norwegens**
- Mai 1940: Beginn der **Westoffensive** → Angriff auf die neutralen Länder Belgien, Niederlande und Luxemburg sowie Durchmarsch nach **Frankreich** (Kapitulation am 22. Juni 1940)
  - Errichtung einer eigenständigen, aber von Deutschland abhängigen **Kollaborationsregierung** im Süden („**Vichy-Regime**")
  - **Besetzung Nordfrankreichs** durch die Wehrmacht
- **Luftangriffe** auf englische Städte („Blitz") zur Vorbereitung einer Invasion → erhebliche Verluste der deutschen Luftwaffe → Abbruch des erfolglosen **Luftkriegs um England**

- ab Februar 1941: Unterstützung der italienischen Verbündeten in Nordafrika durch Panzerkorps („**Afrikakorps**") unter General Rommel → Vorstoß bis Ägypten
- Februar 1941: missglückter Feldzug Italiens auf dem Balkan und Besetzung Kretas durch britische Truppen → Gefährdung der für Hitler unentbehrlichen Erdölfelder Rumäniens → April 1941: Angriff sowie schnelle **Eroberung von Jugoslawien und Griechenland**

Kriegswende (1941–1943)
- 22. Juni 1941: **Überfall auf die Sowjetunion** (Bruch des Hitler-Stalin-Pakts) → schnelles Vorrücken, aber kein entscheidender Schlag gegen Rote Armee
- Aufruf Stalins zum „**großen vaterländischen Krieg**" und Mobilisierung aller verfügbaren Kräfte
- Dezember 1941: **Stopp des deutschen Vormarschs** vor Moskau durch harten Winter, lange Nachschubwege und sowjetischen Widerstand → Scheitern des „Blitzkriegs" im Osten
- 7. Dezember 1941: **japanischer Angriff auf** US-Flottenstützpunkt in **Pearl Harbor** → Kriegserklärung des mit Japan verbündeten Deutschen Reichs an die USA (bereits zuvor amerikanische Unterstützung der Alliierten durch Waffenlieferungen) → Ausdehnung des **Seekriegs** auf den Atlantik und des Kriegsgeschehens über gesamten Globus
- November 1942: Eröffnung einer zweiten Front in Marokko und Algerien durch die Westalliierten → **Kapitulation** der Deutschen **in Nordafrika**
- Januar 1943: **Kriegswende** durch Kapitulation der in **Stalingrad** eingeschlossenen 6. Armee mit Verlust von 300 000 Soldaten
- Juli 1943: Landung der Westalliierten auf **Sizilien** → Sturz Mussolinis und **Zurückdrängung der deutschen Truppen** in Italien

Totale Niederlage 1944/45
- 6. Juni 1944: **Landung der Alliierten in der Normandie** → Eröffnung einer zweiten Front in Europa → deutsche Niederlage nur noch Frage der Zeit
- massive Angriffe auf deutsche Rüstungszentren und Großstädte mit **Bomberverbänden** → hohe Zahl von Zivilopfern und furchtbare Zerstörungen durch **Bombenkrieg**
- Januar 1945: im Westen und Osten **Vordringen feindlicher Truppen** auf deutsches Gebiet
- April 1945: Einnahme der Hauptstadt Berlin durch feindliche Truppen („**Schlacht um Berlin**") → **Selbstmord Adolf Hitlers** im „Führerbunker" (30. April 1945)
- 8./9. Mai 1945: **bedingungslose Kapitulation** der deutschen Streitkräfte, aber Weiterführung des Kriegs zwischen Japan und den USA im Pazifik
- 2. September 1945: endgültiges **Ende des Zweiten Weltkriegs** durch Kapitulation Japans nach **Atombombenabwürfen** auf Hiroshima und Nagasaki (6./9. August 1945)

Begleiterscheinungen des Kriegs

- **neue Dimension der Kriegsführung** in der Sowjetunion („**Weltanschauungskrieg**"): **Vernichtungskrieg** mit brutalem Vorgehen gegen Zivilbevölkerung → rigorose Ausbeutung der besetzten Länder sowie Pogrome und Massaker gegen Juden (**Völkermord**)
- „**totaler Krieg**": Einbeziehen der **Zivilbevölkerung** in vorher unbekanntem Maß → rassisch begründete Vernichtungspolitik, Umsiedlungs- und Vertreibungsaktionen, Zwangsarbeit, Bombenangriffe, Kriegsverbrechen („totaler Krieg" nach Goebbels: Mobilisierung sämtlicher personeller und materieller Ressourcen für den „**Endsieg**")
- **enorme Opferzahlen:** weltweit insgesamt zwischen 60 und 70 Millionen Kriegstote
- **Aufstieg der USA und der Sowjetunion** zu globalen Supermächten

Auf einen Blick

Grundsätze und Zielsetzungen

◦ Teilnehmer: Truman (USA), Churchill/
Attlee (Großbritannien), Stalin (UdSSR)

◦ Ziele: Beseitigung der NS-Diktatur, Schaffung
einer europäischen Nachkriegsordnung

◦ unterschiedliche Nachkriegsvorstellungen
➜ Vertagung der Lösung kontroverser Fragen

◦ Potsdamer Abkommen kein Friedensvertrag

Regelungen und Beschlüsse

◦ Aufteilung Deutschlands in vier Besatzungszonen

◦ Denazifizierung, Demilitarisierung, Demokratisierung,
Demontage, Dezentralisierung

◦ Reparationsleistungen

◦ Gebietsabtretungen an die UdSSR und an Polen

Folgen und Bedeutung

◦ Potsdamer Abkommen als Kompromiss
➜ Auseinanderentwicklung der westlichen
Besatzungsmächte und der Sowjetunion
➜ Kalter Krieg und deutsche Teilung

◦ Legalisierung der Vertreibung von Deutschen

◦ Nürnberger Prozesse

◦ uneinheitliche Umsetzung der Bestimmungen

Grundsätze und Zielsetzungen

- **Kriegskonferenzen der Alliierten** als Vorläufer der Potsdamer Konferenz: Atlantik-Charta (1941), Konferenz von Casablanca (Januar 1943), Außenministerkonferenz in Moskau (Oktober 1943), Konferenz von Teheran (November/Dezember 1943), Londoner Abkommen (1944), Konferenz von Jalta (Februar 1945)
- **Potsdamer Konferenz** (17. Juli bis 2. August 1945) als letztes Treffen der „Großen Drei": US-Präsident **Truman, Stalin und Churchill** (Ablösung durch **Attlee** nach Wahlniederlage) → Potsdamer Abkommen **kein Friedensvertrag** im völkerrechtlichen Sinn, sondern nur Übereinkunft zwischen Mächten der Anti-Hitler-Koalition (keine Beteiligung Frankreichs → oftmals Blockadehaltung Frankreichs in den Folgejahren, trotz Teilhabe an alliierter Kontrolle über Deutschland)
- **zentrale Themen:** Zukunft Deutschlands, europäische Nachkriegsordnung
- **gemeinsame Ziele:** Beseitigung der NS-Diktatur, vollständige Entmilitarisierung Deutschlands, Bestrafung der deutschen Kriegsverbrecher
- Aufeinandertreffen zweier **unterschiedlicher politischer Systeme:** pluralistisches und kapitalistisches System des Westens vs. sozialistisches System der Sowjetunion → **unterschiedliche Nachkriegsvorstellungen** der Alliierten, v. a. bei Grenzverläufen und Reparationen:
  – **UdSSR** (Stalin): Westverschiebung Russlands auf Kosten Polens und Deutschlands (Oder-Neiße-Linie als deutsche Ostgrenze), Etablierung sozialistischer und von der UdSSR abhängiger Staaten in Osteuropa, hohe Reparationsleistungen
  – **USA** (Roosevelt/Truman): größtmöglicher Einfluss der US-Wirtschaft auf Europa → Offenhalten aller Möglichkeiten („Open door") und Zugeständnisse an Stalin („Package Deal")
  – **Großbritannien** (Churchill/Attlee): Eindämmung des Kommunismus und der russischen Vormachtstellung in Europa
  → Aufgabe des Plans einer Zerstückelung Deutschlands und der Zerstörung seiner Wirtschaftskraft, aber **Uneinigkeiten innerhalb der Anti-Hitler-Koalition** über politische Zukunft Deutschlands aufgrund weltanschaulicher, sicherheitspolitischer und wirtschaftlicher Differenzen
  → nur vage Einigung auf Vorgehen und **Vertagung der Lösung kontroverser Fragen**

Regelungen und Beschlüsse

- Erhalt der Einheit Deutschlands, aber **Aufteilung in vier Besatzungszonen:** amerikanische Zone, sowjetische Zone (SBZ), britische Zone, französische Zone → Aufteilung Berlins in **vier Sektoren**
- „**5 große D**":
  - **Denazifizierung** der Gesellschaft
  - **Demilitarisierung:** vollständige Entwaffnung Deutschlands, Verbot von Waffenproduktion
  - **Demokratisierung** des politischen Lebens
  - **Demontage** kriegswichtiger Industrien
  - **Dezentralisierung** der deutschen Verwaltung → Föderalismus
- Bildung eines **Außenministerrats** für übergeordnete Fragen
- Bildung des **Alliierten Kontrollrats** der vier Befehlshaber der Besatzungszonen und der **Alliierten Kommandantur** für Berlin, um einheitliche Entwicklung zu koordinieren
- **Reparationen** ohne genaue Festlegung von Art und Höhe (Hauptanteil für Sowjetunion)
- **Gebietsabtretungen** an die UdSSR (nördliches Ostpreußen) und Polen (bis zur **Oder-Neiße-Linie**) → Verschiebung der endgültigen Festlegung der Grenzen auf späteren Friedensvertrag
- **Überführung der deutschen Bevölkerung aus abgetretenen Gebieten** (Schlesien, Ostpreußen, Sudetenland) auf „ordnungsgemäße und humane Weise", ABER trotz Festlegung weiterhin Vertreibungen unter unmenschlichen Bedingungen
- → Erzielen einer **Einigung in Grundsatzfragen**
- → **Gültigkeit** des Potsdamer Abkommens **bis zu Friedensvertrag** („Zwei-plus-Vier"-Vertrag) mit vereintem Deutschland (1990)

Folgen und Bedeutung

- Potsdamer Abkommen als Ausdruck des Kooperationswillens der Siegermächte (**Kompromiss**), ABER keine langfristige Zusammenarbeit, sondern **Auseinanderentwicklung** der drei westlichen Besatzungsmächte einerseits und der Sowjetunion andererseits → **Kalter Krieg** und **deutsche Teilung**
- Einigkeit über „ethnische Entmischung" der Bevölkerung Europas → **Legalisierung der Vertreibung von Deutschen** aus den ehemaligen Ostgebieten
- gemeinsame gerichtliche Aufarbeitung der NS-Verbrechen in den **Nürnberger Prozessen** (1945/46)
- **uneinheitliche Umsetzung der Bestimmungen** in den einzelnen Besatzungszonen:
  - Hilfslieferungen für Deutschland durch USA und Großbritannien zur **Förderung des wirtschaftlichen Wiederaufbaus** ↔ **weitreichende Demontage** der Industrieanlagen in der SBZ als Reparationsleistung
  - Demokratisierung in den Westzonen nach **freiheitlichem Demokratiemodell** ↔ „Demokratisierung" in der SBZ nach **sozialistischem Demokratiemodell**
  - unterschiedliches Vorgehen bei **Entnazifizierung:** im Westen **Wiedereingliederung vieler NS-Funktionseliten** und Verurteilung von „Mitläufern" ↔ in SBZ Nutzung der Entnazifizierung zur **Ausschaltung politischer Gegner**
  - Behinderung einer gemeinsamen Politik in den Westzonen durch **Frankreich:** Wunsch nach dauerhafter politischer und militärischer **Schwächung Deutschlands** → weitreichende Demontagen und Pläne zur Abtrennung linksrheinischer Gebiete

Auf einen Blick

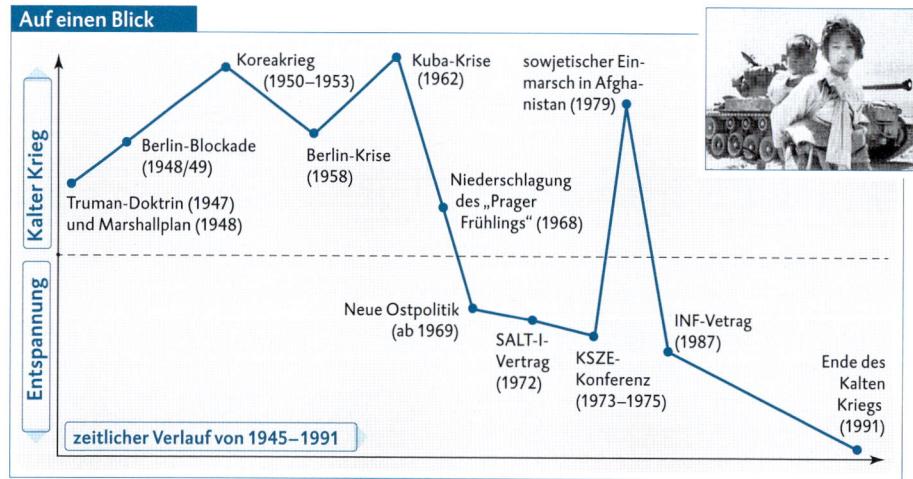

Kalter Krieg

Koreakrieg
(1950–1953)

Kuba-Krise
(1962)

sowjetischer Ein-
marsch in Afgha-
nistan (1979)

Berlin-Blockade
(1948/49)

Berlin-Krise
(1958)

Truman-Doktrin (1947)
und Marshallplan (1948)

Niederschlagung
des „Prager
Frühlings" (1968)

Entspannung

Neue Ostpolitik
(ab 1969)

SALT-I-
Vertrag
(1972)

KSZE-
Konferenz
(1973–1975)

INF-Vetrag
(1987)

Ende des
Kalten
Kriegs
(1991)

zeitlicher Verlauf von 1945–1991

Entstehung

- Zweckbündnis zwischen USA und UdSSR zur Bekämpfung des „Dritten Reichs", danach aber schwere Differenzen beider Staaten → Verschärfung des **Gegensatzes zwischen kapitalistischem und kommunistischem System** → Wettlauf der Siegermächte um Einflusssphären
- 1945–1948: Einrichtung kommunistischer Regime in allen durch die Rote Armee besetzten Staaten Osteuropas (**Sowjetisierung**) → **Truman-Doktrin** (März 1947): Ablehnung einer weiteren Ausdehnung des sowjetischen Machtbereichs durch die USA
  – militärische Drohung der damals noch alleinigen Atommacht USA
  – Wirtschaftshilfe zur Stabilisierung der europäischen Staaten (**Marshallplan** 1948) und zur Eindämmung der sowjetischen Expansion (**Containment**) → Formulierung der **Zwei-Lager-Theorie** durch Shdanow (Parteisekretär der KPdSU) : imperialistisches, antidemokratisches Lager (USA) vs. antiimperialistisches, demokratisches Lager (UdSSR)
- **Berlin-Blockade** (1948): Blockierung aller Zufahrtswege nach Westberlin durch sowjetische Truppen, um Westmächte zur Aufgabe der Stadt zu zwingen → Einrichtung einer Luftbrücke zur Versorgung der Westberliner Bevölkerung („**Rosinenbomber**") → 1949: Ende der Blockade
- 1955: Gründung des **Warschauer Pakts** als östliches Gegenstück zur **NATO** (gegründet 1949) → unversöhnliche Frontstellung der beiden Machtblöcke („**Eiserner Vorhang**"), aber keine unmittelbaren militärischen Auseinandersetzungen (**Kalter Krieg**), stattdessen Wettrüsten, Propagandafeldzüge und **Stellvertreterkriege**
- stabile Lage innerhalb der aufgeteilten Welt durch „**Gleichgewicht des Schreckens**": atomares Patt zwischen den USA und der UdSSR

Internationale Krisen und Kriege

- **Koreakrieg** (1950–1953): Kampf der kommunistischen Volksrepublik im Norden gegen vom Westen unterstütztes Südkorea → Eingreifen der UN mit internationalen Truppen unter Führung der USA → Unterstützung des Nordens durch Truppen des kommunistischen Chinas → 1953: Waffenstillstand und Wiederherstellung der ursprünglichen Teilung

- **Niederschlagung von Aufständen im Ostblock** durch Truppen des Warschauer Pakts:
  - 17. Juni 1953: **Volksaufstand in der DDR**
  - 1956: **Ungarn-Aufstand** mit versuchter Einführung der Demokratie
  - 1968: Propagierung eines „Sozialismus mit menschlichem Antlitz" durch Reformkommunisten in der Tschechoslowakei (**„Prager Frühling"**) → **Breschnew-Doktrin:** beschränkte Souveränität sozialistischer Staaten und Recht der UdSSR zum Eingreifen
  - → **kein Eingreifen des Westens**, aber weitere Verschärfung der antikommunistischen Politik der USA: Zurückdrängung **(Rollback)** des sowjetischen Machtbereichs als Ziel → Aufrüstung
- **Berlin-Krise** (1958): ultimative Forderung Chruschtschows nach Aufhebung des bisherigen Status Westberlins → Bestandsgarantie der USA für Westberlin → Viermächteabkommen (1971)
- Bau der **Berliner Mauer** (1961) → Zementierung des Ost-West-Konflikts
- **Kuba-Krise** (1962): Stationierung sowjetischer Atomraketen auf Kuba → Gefahr des Ausbruchs eines Dritten Weltkriegs: Seeblockade des US-Präsidenten Kennedy, Drohung mit Krieg bei Durchbrechung → Einlenken der UdSSR unter Chruschtschow nach Vermittlung der UN → Abzug der in der Türkei stationierten US-Raketen (**„Tauwetterperiode"**)
- **Vietnamkrieg** (1946–1975): vergeblicher Versuch der USA, Sieg des kommunistischen Nordvietnam über korruptes und vom Westen unterstütztes Südvietnam zu verhindern → Scheitern des Einsatzes trotz großer Mengen an Waffen und Soldaten → Rückzug der Amerikaner
- Dezember 1979: **Einmarsch russischer Truppen in Afghanistan** → bei den USA Befürchtung einer Verschiebung der Einflusssphären
- 1980: verstärkte **Aufrüstung in den USA** unter Präsident Reagan, u. a. umstrittene Pläne zum Aufbau einer **strategischen Verteidigung im Weltall** (**SDI**), um USA vor atomaren Langstreckenraketen zu schützen → Scheitern der Pläne aus technischen Gründen
- 1983: trotz Protesten der Friedensbewegung **Stationierung atomarer Mittelstreckenraketen in Europa** wegen Weigerung der Sowjetunion abzurüsten (**Doppelbeschluss** 1979)

Entspannungspolitik

- Kuba-Krise (1962): Bewusstseinswandel wegen Möglichkeit einer globalen Katastrophe → **Entspannungsbemühungen**
- ab 1969: **neue Ostpolitik** („Wandel durch Annäherung") der Bundesrepublik unter Bundeskanzler Willy Brandt → **Ostverträge** mit Polen, der UdSSR und der Tschechoslowakei (faktische Anerkennung der Oder-Neiße-Grenze) sowie **Grundlagenvertrag** mit der DDR → Normalisierung der zwischenstaatlichen Verhältnisse
- **SALT-I-/SALT-II-Vertrag** (1972/1979): Rüstungsbegrenzungen für atomare Systeme
- Konferenz für Sicherheit und Zusammenarbeit in Europa (**KSZE**) in Helsinki (1973–1975):
  - Anerkennung von Menschen- und Bürgerrechten
  - Bekenntnis zu Gewaltverzicht und Selbstbestimmungsrecht der Völker
  - Verstärkung der internationalen Zusammenarbeit in verschiedenen Bereichen
- ab 1985: Wende durch **Gorbatschow** (Generalsekretär des Zentralkomitees der KPdSU) mit **Glasnost** (Offenheit) und **Perestroika** (Umbau der wirtschaftlichen und politischen Strukturen) im Inneren → statt Konfrontation vertrauensvolle Zusammenarbeit mit dem Westen → 1987: echte Abrüstung durch **INF-Vertrag** → 1988/89: Rückzug der sowjetischen Truppen aus Afghanistan
- ab 1989: gewaltfreier **Sturz der kommunistischen Regierungen** in zahlreichen Ostblockstaaten → **Auflösung des Warschauer Pakts und der UdSSR** (1991) als Ende des Kalten Kriegs

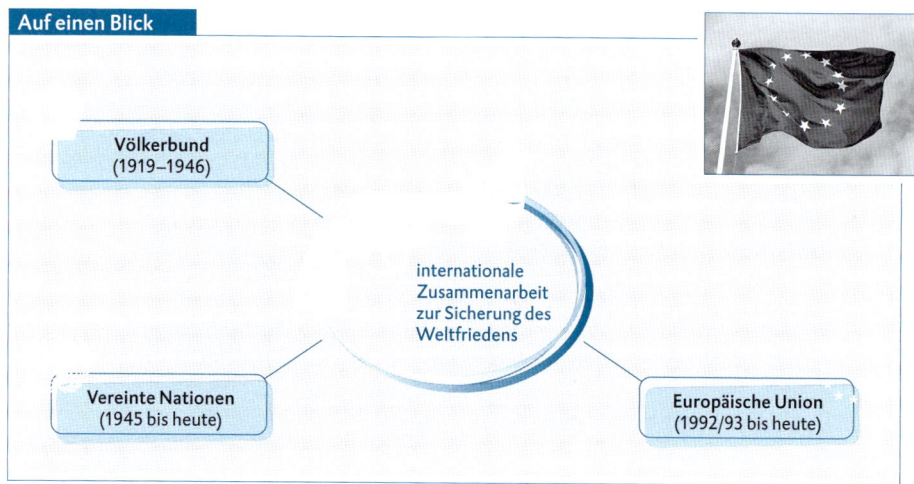

Auf einen Blick

- Völkerbund (1919–1946)
- Vereinte Nationen (1945 bis heute)
- internationale Zusammenarbeit zur Sicherung des Weltfriedens
- Europäische Union (1992/93 bis heute)

Völkerbund

- 28. April 1919: Gründung des **Völkerbunds** auf Initiative des US-Präsidenten Wilson (14-Punkte-Programm) im Rahmen der Friedensverhandlungen nach dem Ersten Weltkrieg → wichtiger Schritt zur Stärkung des Völkerrechts
- **Mitglieder:** 32 Siegermächte des Ersten Weltkriegs (kein Beitritt der USA wegen Freiheitsideal und Wunsch nach Isolation), 13 neutrale Staaten; zunächst Beitrittsverbot für besiegte Staaten, aber spätere Aufnahme (1926: Deutschland, 1934: Sowjetunion)
- **Hauptziel:** Zusammenarbeit der Nationen, um Kriege zu verhindern
- **Erfolge:** Vermittlung bei Auseinandersetzungen, humanitäre Hilfen, Minderheitenschutz
- **Schwächen und Gründe für Scheitern:**
  - **fehlende Mittel zur Durchsetzung** der Beschlüsse
  - nur **eingeschränktes Gewaltverbot** → Ächtung von Angriffskriegen erst in **Briand-Kellogg-Pakt** (1928)
  - **fehlende Repräsentativität:** keine Mitgliedschaft von einem Drittel der Staatenwelt (u. a. USA)
  - Forderung nach **Einstimmigkeit** bei Entscheidungen → Blockierung von Entscheidungen
  - Herbst 1935: Angriff Italiens auf Abessinien → Verhängung wirtschaftlicher Sanktionen durch den Völkerbund, aber nur halbherzige Befolgung → **Prestigeverlust** des Völkerbunds
  - **keine Verhinderung des Zweiten Weltkriegs**
- 1946: **Auflösung** des Völkerbunds

Vereinte Nationen (UNO)

- 26. Juni 1945: Gründung der **Vereinten Nationen** (United Nations Organization, **UNO**) als Nachfolgeorganisation des Völkerbunds (Beitritt der Bundesrepublik und der DDR 1973)
- **Mitglieder** (2016): 193 Staaten (einzige Nichtmitglieder: Demokratische Arabische Republik Sahara, Taiwan, Türkische Republik Nordzypern und Vatikanstadt)
- **Grundprinzip:** gleichberechtigte Zusammenarbeit souveräner Staaten auf Regierungsebene → **keine Abgabe von Souveränitätsrechten** der Mitgliedsstaaten

- **Grundsätze und Ziele:** Wahrung des **Weltfriedens** und der internationalen Sicherheit; **Selbstbestimmungsrecht** der Völker; **internationale Zusammenarbeit** zur Lösung wirtschaftlicher, sozialer und humanitärer Aufgaben (UN-Hilfsorganisationen); **Gewaltverzicht**, aber Recht zur individuellen und kollektiven Selbstverteidigung; Garantie der **Menschen- und Bürgerrechte**
- **Sicherheitsrat** als wichtigstes Organ, das Maßnahmen zur Erhaltung des Friedens einleitet und verbindliche Beschlüsse trifft (ständige Mitglieder mit Vetorecht: USA, Russland, Großbritannien, Frankreich und China; 10 nichtständige Mitglieder)
- **Mittel der Friedenssicherung:** Boykottmaßnahmen (Handels- und Waffenembargos, Verbot von Technologieexporten, Reiseverbote für Politiker), Friedenstruppen (**„Blauhelme"**)
- **Schwächen:** Blockierung von Entscheidungen durch **Vetorecht** im Sicherheitsrat (z. B. durch die Sowjetunion oder die USA während des Kalten Kriegs), unzureichende Sanktionsmittel und fehlendes Gewaltmonopol → trotz zahlreicher Einsätze Entstehung immer neuer Kriege
- verstärkte Aufgaben seit 1990: **Unterstützung der Zivilbevölkerung** bei innerstaatlichen Konflikten, Erzwingung von Frieden, **Friedenskonsolidierung** → Zusammenarbeit mit NATO, EU, OSZE und zivilen Organisationen

Europäische Union (EU)

- **Ursachen** für europäische Zusammenarbeit nach dem Zweiten Weltkrieg: **Kriegserfahrungen**, schwindende Bedeutung ehemaliger europäischer Großmächte im aufkommenden **bipolaren Konflikt zwischen den USA und der Sowjetunion** → **zentrale Anliegen:** Friedenssicherung, Wiederherstellung und Erhaltung der europäischen Werte sowie Förderung der Wirtschaft
- **Europarat** (1949): beratendes Organ zur Wahrung der Menschenrechte
- **Europäische Gemeinschaft für Kohle und Stahl** (**EGKS** 1951/52): gemeinsame Industrie- und Wirtschaftspolitik auf dem Gebiet der Schwerindustrie, um geheime Aufrüstung zu verhindern (Gründungsmitglieder: Frankreich, Bundesrepublik, Italien, Benelux-Staaten)
- **Römische Verträge** (1957/58): **Europäische Wirtschaftsgemeinschaft (EWG)** für gemeinsame Wirtschaftspolitik und **Euratom** für gemeinsame Forschungspolitik
- **Elysée-Vertrag** zwischen Deutschland und Frankreich (1963) als Motor für europäische Einigung
- **Europäische Gemeinschaften** (**EG** 1963): Zusammenfügung von EGKS, EWG und Euratom
- Entwicklung der EG zur **Europäischen Union** (**EU** 1992/93) mit heute (2016) 28 Mitgliedern → **Vertrag von Maastricht:**
  - Vertiefung der politischen Zusammenarbeit: **gemeinsame Außen- und Sicherheitspolitik**
  - **Wirtschafts- und Währungsunion:** Euro als gemeinsames Zahlungsmittel ab 1999
- Umsetzung eines **europäischen Binnenmarkts** (1993) → Freizügigkeit für Personen, Dienstleistungen, Waren und Kapital
- **EU-Osterweiterung** (ab 2004): Aufnahme von ehemaligen Mitgliedsstaaten des „Rats für gegenseitige Wirtschaftshilfe" (RGW, von 1949–1991 östliches Gegenstück zur EU) in die EU
- **Probleme der EU:**
  - noch keine Einigung auf gemeinsame Außen- und Sicherheitspolitik in **umstrittenen internationalen Krisen**, z. B. in den Jugoslawienkriegen oder im Irakkrieg
  - hohes ökonomisches Gefälle zwischen einzelnen EU-Staaten → Notwendigkeit von enormem **finanziellen Aufwand** zur Beseitigung
  - **komplizierte Entscheidungsprozesse** → Gefahr der Blockade und politischen Erstarrung nach Scheitern von gemeinsamer Verfassung (**Vertrag von Lissabon** 2009 als Kompromiss)
  - **Widerstand** der Mitgliedsstaaten, **Souveränitätsrechte an supranationale Organe abzugeben** → Blockierung von Entscheidungen durch nationale Interessen